내 삶의 주인이신 그리스도

John Stott

LIFE IN CHRIST

Copyright © 1979, 1991, 2003 by John R. W. Stott
Original edition published in English under the title LIFE IN CHRIST
by Lion Hudson plc, Oxford, England.
All rights reserved.

This Korean Edition Copyright © 2011 by Poiema, an imprint of
Gimm-Young Publishers, Inc, Seoul, Republic of Korea.
This Korean edition is translated and used by arrangement of Lion
Hudson plc through rMaeng2, Seoul, Republic of Korea.

John Stott

존 스토트
윤종석 옮김

내 삶의 주인이신 그리스도

포이에마
POIEMA

내 삶의 주인이신 그리스도
존 스토트 지음 | 윤종석 옮김

1판 1쇄 발행 2011. 5. 27. | **1판 5쇄 발행** 2023. 3. 27. | **발행처** 포이에마 | **발행인** 고세규 | **등록번호** 제300-2006-190호 | **등록일자** 2006. 10. 16. | 서울특별시 종로구 북촌로 63-3 우편번호 03052 | 마케팅부 02)3668-3260, 편집부 02)730-8648, 팩스 02)745-4827

이 한국어판의 저작권은 알맹2 에이전시를 통하여 Lion Hudson plc와 독점 계약한 포이에마에 있습니다. 신 저작권법에 의하여 한국 내에서 보호받는 저작물이므로 무단 전재와 무단 복제를 금합니다.

값은 뒤표지에 있습니다. ISBN 978-89-93474-57-2 03230 | 독자의견 전화 02)730-8648 | 이메일 masterpiece@poiema.co.kr | 좋은 독자가 좋은 책을 만듭니다. | 포이에마는 독자 여러분의 의견에 항상 귀를 기울이고 있습니다.

|

우리가 살아도 주를 위하여 살고
죽어도 주를 위하여 죽나니
그러므로 사나 죽으나 우리가 주의 것이로다.

_로마서 14:8

차례

머리말_ 중심 되신 그리스도 _9

1 우리의 중보이신 그리스도를 통해 _14

하나님에 대해 우리가 무엇을 알든 그것은 예수 그리스도를 통해 아는 것이요, 하나님께 우리가 무엇을 받든 그것도 예수 그리스도를 통해 받은 것이다.

하나님과 우리 사이의 간격 | 예수 그리스도를 통한 하나님의 계시 | 예수 그리스도를 통한 하나님의 구속 | 그리스도 안에서의 하나님의 계시는 완전하다

2 우리의 기초이신 그리스도 위에 _38

우리의 신앙과 교회의 터는 오직 그리스도이며, 그럴 때에만 "지극히 거룩한 믿음 위에 자신을 세울" 소망을 품을 수 있다.

믿음으로 얻은 안식 | 흔들림 없는 그리스도의 약속 | 삶의 기초인 그리스도의 가르침 | 예수 그리스도와 연합한다는 것

3 우리의 생명이신 그리스도 안에 _62

가지가 나무에 연합되어 있고, 사지가 몸에 연합되어 있고, 성부와 성자가 삼위일체 안에 연합되어 있듯이, 그리스도인도 예수 그리스도와 연합되어 있다.

예수 그리스도와 연합한다는 것 | 새로운 신분의 복 | 새로운 생명의 복 | 새로운 공동체의 복 | 그리스도와의 연합은 성장이다

4 우리의 주님이신 그리스도 아래 _86

그리스도인은 주님의 발아래 앉으며, 내 생각과 뜻과 신념과 기준을 그분 아래 두기를 원하고, 예수 그리스도의 지시와 훈련 아래 있기를 원한다.

우리 생각을 그리스도의 멍에 아래 | 우리 의지를 그리스도의 멍에 아래 교회와 자유

5 우리의 비밀이신 그리스도와 함께 _110

우리는 그리스도와 함께 죽었고, 그리스도와 함께 다시 살아났고, 우리의 삶은 그리스도와 함께 숨겨져 있으며, 장차 그리스도와 함께 나타날 것이다.

지금 여기서 그리스도와 함께 | 그리스도와의 연합 | 몇 가지 실제적인 적용

6 우리의 목표이신 그리스도를 향해 _134

그리스도인으로 산다는 것은 '그리스도를 향해' 사는 것인데, 이는 날마다 주님의 얼굴을 구하고 내 삶과 일을 그분께 가져가는 훈련과 다르지 않다.

교회에서 우리의 관계 | 일터에서 우리의 관계 | 세상에서 우리의 관계 | 모든 상황과 관계 속에서 그리스도를 보다

7 우리의 사랑이신 그리스도를 위해 _160

그리스도께서 우리를 위해 행동하셨기에 우리도 그분을 위해 행동하며, 그리스도께서 우리를 위해 십자가를 지셨기에 우리도 그분을 위해 선교를 감당한다.

그리스도를 위한 순종 | 그리스도를 위한 선교 | 그리스도를 위한 고난 십자가가 항상 보이는 자리

8 우리의 모본이신 그리스도처럼 _186

겸손, 희생적인 섬김, 보복 없는 용서, 믿음과 순종, 이것이야말로 우리가 본받아야 할 나사렛 예수의 두드러진 특징이다.

그리스도를 닮는 일의 중요성 | 성령은 우리에게 그리스도의 영광을 보여주신다 | 성령은 우리를 그리스도처럼 변화시키신다

맺음말_ 그리스도께 초점을 두라 _207

주註 _210

머리말

중심 되신 그리스도

나사렛 예수는 계속 특별한 인기를 누리고 있다. 사람들은 그분께 매혹을 느끼며, 그것은 입장이 다른 사람들도 마찬가지이다. 끝내 그분을 하나님과 구주로 고백하는 지점에 이르지 못하는 사람들도 그분께 깊은 존경을 보낸다. 물론 그분을 싫어하고 거부하는 사람들도 있다. 하지만 그분을 그냥 무시하고 제쳐두는 일만은 누구도 하지 못한다.

다른 종교와 이데올로기에서도 예수님을 높이 추앙한다. 힌두교만 해도 예수님이 배타적인 주장만 철회한다면 기꺼이 그분을 비슈누의 '화신'으로 인정하여 자기네 종교로 흡수할 것이다. 예수님이 메시아가 아니라고 거부하는 유대인들도 그분에 대한 관심을 거둔 적이 없으며, 수많은 유대인 학자들이 그분을 주제로 책을 쓴다. 사실 그들의 적의는 예수님 자신보다 이방인들의 반유대주의에 대한 것일 때가 많다. 이슬람교는 이미 예수님을 위대한 선지자로 인정하고 있다. 그분이 동정녀에게서 나신 것, 죄가 없으신 것, 기적을 행하신 것, 영감이 충만하신 것, 장차 다시 오실 것을 코란에서 모두 인정하기 때문이다. 그뿐 아니라 종교는 피압박자들을 마취시켜 불의한 현 상태를 용인하게 만드는 아편이라며 맹비난하는 마르크스주의조차 예수님을 존중한다. 기성 사회에 맞서 가난한 사람들에게 동정의 연대감을 보이셨다는 이유 때문이다.

T. R. 글로버Glover는 《역사의 예수The Jesus of History》에 이렇게 썼다. "예수는 아직도 사람들을 지배하고 아직도 사람들을 사로잡으며 기독교 운동의 핵과 정수로 남아 있다. … 요컨대 인간 역사에 그분보다 더 중요한 인물은 없다. 사람들은 그분을 사랑해도 뜨겁게 사랑하고 그분을 미워해도 뜨겁게 미워한다."[1]

이 책의 주제는 예수 그리스도가 기독교의 중심이라는 것, 따라서 기독교 신앙도 그리스도인의 삶도 그 초점이 예수님께 맞추어져야만 비로소 진정하다는 것이다. 고 스티븐 닐Stephen Neill 주교는 《기독교 신앙과 기타 신앙Christian Faith and Other Faiths》에서 이렇게 말했다. "기독교는 곧 그리스도라는 옛말은 정확히 사실이다. 역사적 인물인 나사렛 예수는 기독교의 모든 신앙 고백을 판단하는 기준이다. 신앙 고백은 그분께 비추어 서기도 하고 무너지기도 한다."[2] 케냐의 존 음비티John Mbiti 교수는 동일한 확신을 "기독교의 독특성은 예수

그리스도 안에 있다"고 더 간명히 표현하기도 했다.³

또 다른 증인은 인도의 시크교 가정에 태어났으나 회심 후에 기독교의 순회 전도자가 된 선다 싱Sundar Singh이다. 한번은 힌두교 대학에서 비교 종교학을 가르치는 어느 불가지론자 교수가 그에게 시크교에서 얻지 못한 것 중 기독교에서 얻은 것이 있다면 무엇이냐고 물었다. 선다 싱이 "내게는 그리스도가 있습니다"라고 대답하자 그 교수는 "그거야 나도 압니다. 이전에 찾지 못한 어떤 특별한 원리나 교리를 찾았느냐는 말입니다"라고 답답하다는 듯이 말했다. 이에 선다 싱은 "내가 찾은 특별한 것은 바로 그리스도입니다"라고 대답했다.⁴

나도 이 책에서 그리스도께 초점을 둔 믿음과 삶이란 어떤 것인지 그 본연의 의미를 탐색하고자 하며, 그 방법으로 신약성경에서 예수님과 관련된 부사적 표현들을 살펴보려 한다. 언뜻 보면 별 의미 없는 짧은 문구들이지만, 잘 들여다보면 우리를 깊은 신학적 진리로 안내하는 표지판이 되어준다. 신약성경 속에는 그리스도와 그리스도인의 풍성한 관계를 그려내는 그런 표현들이 많이 있다. 예컨대 성경은 우리가 그리스도를 '통해', 그분 '위에', 그분 '안에', 그분 '아래', 그분을 '위해', 그분과 '함께', 그분을 '향해', 그분 '처럼' 살아야 한다고 말한다. 우리와 그리스도의 관계는 아름답기 그지없는 다면체 다이아몬드인 것이다.

그러나 이 책에서 나는 우리가 예수 그리스도의 영광을 더욱 온전히 인식할 수 있다는 이론에 머물지 않고 그것을 목회적이고 실제적인 적용으로 연결하려 한다. 어떻게 우리는 예수님과의 관계를 가꾸어갈 것인가? 어떻게 하면 그분이 우리에게 더 실재가 되어 마침내 우리 삶의 중심을 차지하시도록 할 수 있을까? 이런 물음에는 그리스도인이 성장하고 성숙해 나가는 과정이 암시되어 있는데, 그것은 마치 사랑에 빠지는 것만큼이나 신비롭다. 남녀가 서로 점점 더 알아가고 존중하고 사랑하여 마침내 서로 꼭 필요한 존재가 되고 결혼에 한뜻이 되는 것처럼, 우리도 예수 그리스도를 점점 더 알아가고 예배하고 사랑하여 마침내 그분이 우리에게 꼭 필요한 존재가 되고 그분 없는 삶은 상상할 수 없게 된다.

그렇게 되면 우리도 다음과 같이 고백할 수 있다.

삶과 죽음, 슬픔과 죄 속에서도 나는
어제나 오늘이나 그분으로 족하도다.
그리스도는 시작이기에 또한 끝이요
그리스도는 끝이기에 또한 시작이라.[5]

존 스토트

우리의 중보이신
그리스도를 통해

Through Christ our Mediator

1

교회 예배에 처음 참석하는 사람은 누구나 우리 그리스도인들이 드리는 기도의 틀에 놀란다. 거의 모든 기도가 "전능하신 하나님, 하늘에 계신 우리 아버지"께 바쳐지며, "우리 주 예수 그리스도의 이름으로 기도합니다"로 끝나기 때문이다. 때로는 그 호칭이나 마무리 부분이 더 자세히 수식되기도 한다. 1662년에 나온 기도서의 한 기도는 "전능하시고 영원하신 하나님"으로 시작되어 "오 주여, 이것을 우리의 대변자요 중보이신 예수 그리스도의 영광을 위해 허락하소서"로 끝난다. 또 "지극히 은혜로우신 하나님"으로 시작하여 언급한 모든 복을 "우리의 가장 복된 주님이요 구주이신 예수 그리스도의 이름과 중보로 겸손히 구합니다"로 마무리하는 기도도 있다.

"그리스도의 이름으로" 즉 "그리스도를 통해"라는 이 보편화된 기도 공식은 우리를 '중보'의 개념으로 이끈다. 그것은 "하나님은 한 분이시요 또 하나님과 사람 사이에 중보도 한

분이시니 곧 사람이신 그리스도 예수라"(딤전 2:5)고 한 바울의 말과 상통한다. 다시 말해 그것은 성부 하나님이 인류를 향한 활동들을 직접 취하시지 않고 성자 예수 그리스도를 통해 간접적으로 취하시며, 따라서 우리가 하나님께 나아갈 때도 우리 구주 예수 그리스도를 통해야 함을 선포한다.

이런 말을 들으면 고개를 갸웃하는 사람들이 많고 조바심을 감추지 않는 사람들도 있다. 하나님은 왜 예수 그리스도를 통해서 활동하셔야만 하며 우리는 왜 예수 그리스도를 통해서 기도해야만 하는가? 그러면 하나님이 너무 멀어 보이고, 기도는 왕궁이나 대통령 관저에 필요한 의전 절차처럼 여겨진다. 왕이나 대통령에게 직접 나아가는 것이 허용되지 않아 지정된 대리자를 통해서만 나아가는 식인데, 이는 최악의 관료주의와 비슷해 보인다. 우리는 실제 권세를 가진 일인자를 만날 수 없고 언제나 쩨쩨한 공무원에게 따돌림당한다. 하나님이 왜 그런 식으로 행동하셔야 하는가? 왜 그분은 우리를 직접 상대하실 수 없고 한 발짝 떨어져서 상대하셔야 하는가? 그나저나 우리에게 예수 그리스도는 왜 필요한가?

나도 이런 아리송한 질문을 자주 받는다. 이런 이유로 성경과 기독교의 전통을 대놓고 당당히 반박하는 사람들도 있다. 그들은 예수 그리스도를 아주 무시하며, 자신이 예수 그리스도와 상관없이 하나님을 알고 있고 하나님과 개인적인 관계를 맺고 있으며 신비한 체험을 하고 있다고 주장한다.

감히 "예수 그리스도는 어디에나 넘쳐난다"고 말하는 사람들도 있다.

그래서 이번 첫 장에서 우리는 이 문제부터 추적해야 한다. 모든 세대의 모든 교회에서 그리스도인들이 지켜온 한 가지 근본적인 확신이 있다. 인간은 오직 "우리 구주 성자 예수 그리스도를 통해서만" 하나님을 알고 그분께 갈 수 있다는 것, 여기 '통해'라는 단어에 하나님과의 관계에 꼭 필요한 뭔가가 담겨 있다는 것이다. 이에 따르면 예수 그리스도의 중보는 하나님을 우리와 멀어지게 하기는커녕 오히려 그분과의 간격을 뛰어넘는다. 전능하신 하나님은 예수 그리스도를 통해 우리에게 가까이 오시며, 다른 어떤 방법으로도 불가능한 더 분명한 이해와 더 가까운 관계로 우리를 이끄신다. 요컨대 "예수 그리스도를 통해"가 뜻하는 바는 장벽이 아니라 오히려 하나님께로 열린 길이다. 다른 방법으로는 이을 수 없는 간격을 잇는 유일한 다리이다.

하나님과 우리 사이의 간격

그러므로 바른 출발점은 이 간격의 본질이다. 이 간격이 얼마나 넓은지 알아야만 우리는 비로소 우리 자신이 놓는 다리들로는 안 되며 예수 그리스도가 필요함을 인정할 수 있다.

우선, 유한한 피조물인 우리와 무한한 창조주이신 하나님

사이의 간격을 생각해보자. 어떤 의미에서 창조주 하나님과 피조물인 인간의 관계는 차이보다는 유사성의 관계이다. 하나님이 우리를 자신의 형상대로 지으셨기 때문이다. 그 결과 우리는 우리의 사고력을 통해 그분의 합리성을, 우리의 사랑을 통해 그분의 사랑을, 우리의 양심에 새겨진 도덕을 통해 그분의 거룩함을 조금이나마 지각할 수 있다. 그럼에도 창조주와 피조물 사이, 무한자와 유한자 사이의 간격은 남아 있다. 욥처럼 우리도 "내가 어찌하면 하나님을 발견하고 그의 처소에 나아가랴"(욥 23:3) 하고 탄식한다. 우리가 만들어낸 개념의 틀에 하나님을 가둘 수 없으며, 행여 가두었다고 생각해도 거기 갇힌 것은 이미 하나님이 아님을 우리는 직관적으로 안다. 우리의 작은 머리로는 그분을 담기도 고사하고 그분을 생각할 수도 없다. "이는 내 생각이 너희의 생각과 다르며 내 길은 너희의 길과 다름이니라. 여호와의 말씀이니라. 이는 하늘이 땅보다 높음같이 내 길은 너희의 길보다 높으며 내 생각은 너희의 생각보다 높음이니라"(사 55:8-9).

희열이나 고통, 아름다움이나 경이로움, 선이나 사랑의 순간에 곁으로 지나가시는 그분을 잠깐 보기만 해도 우리는 충만한 초월적 실체에 전율할 수 있다. 그런데 이렇게 잠깐 보는 것 자체가 바로 일종의 '중보'이다. 그것이 하늘과 땅의 영광을 통해, 자연의 오묘한 솜씨를 통해, 고결함과 타락성이 공존하는 인간의 복잡한 상황을 통해, 그리고 그에 대한 우리의 갖가지 반응을 통해 하나님을 선포해주기 때문이다. 하지만 이런 중보가 우리를 만족시켜주지는 못한다. 그것이 가리켜 보이는 높이와 깊이는 우리가 오를 수도 없고 잴 수도 없다. 우리에게는 좀 더 구체적이고 인격적이며 동시에 좀 더 인간적인 중보가 필요하다. 한마디로 우리에게는 예수 그리스도가 필요하다. 우리가 예수 그리스도 없이 보거나 느끼거나 생각하거나 짐작한 실체가 아무리 깊다 해도 여전히 하나님은 무한한 타자(他者)이신 까닭이다. 이 타자가 인격적으로 우리 가운데 오신 적이 딱 한 번 있는데, 하나님의 영원한 말씀이 실제로 인간이 되어 우리 가운데 사셨을 때였다. 오직 그때에만 인간은 인간의 형체를 입은 참된 '영광', 인격적 존재 본연의 광채, "아버지의 독생자의 영광"(요 1:14)을 보았다.

하나님과 우리 사이의 간격은 여태까지 살펴본 것보다 훨씬 넓다. 그것은 반항적인 피조물인 우리와 의로운 재판장이신 하나님 사이에 벌어진 간격이다. 부끄러운 사실이지만 우리는 창조주를 거역하고 그분의 권위를 거부하고 사랑을 외면한 채 우리의 이기적인 길로 갔다. 세상의 고질적인 문제들은 이렇게 인간이 하나님과 분리되어 있음을 보여주는 좋은 증거이다. 우리는 그분을 생각할 정신적 장치만 없는 것이 아니라 그분께 나아갈 도덕적 순결도 없다. 우리는 자력으로 하나님을 찾지 못할 뿐만 아니라 그럴 자격도 없다. 그러므로 우리에게 필요한 중보자는 생각보다 훨씬 큰 존재라야 한다. 하나님을 가까이 보여주는 정도로는 안 되고, 다른 방법으로 영영 알 수 없는 그분을 우리에게 인식 가능한 형태로 알리는 정도로도 안 되며, 훨씬 그 이상이어야 한다. 한마디로 우리에게는 '은혜'가 필요하다. 즉 반항한 피조물들을 심판하고 멸하기 위해서가 아니라 구원하고 재창조하기 위해서 자비의 하나님이 값없이 먼저 와주셔야 하는 것이다. 하나님을 가깝게 보여주시는 이가 예수 그리스도인 것처럼 하나님의 주도적인 은혜도 예수 그리스도를 통해 나타난다. "미쁘다, 모든 사람이 받을 만한 이 말이여. 그리스도 예수께서 죄인을 구원하시려고 세상에 임하셨다 하였도다"(딤전 1:15).

이렇듯 예수 그리스도를 떠나서는 하나님과 우리 사이의 간격을 넘을 수 없다. 한편으로는 인간인 우리의 유한성이 있고, 또 한편으로는 이기적으로 반역한 우리의 죄성이 있다. 그래서 우리 힘으로는 하나님을 알 수도 없고 그분께 이를 수도 없다. 우리 쪽에서 놓는 형편없는 작은 다리들은 모두 심연에 떨어지고 만다. 다른 방도로는 이을 수 없는 이 간격을 이어주는 다리는 오직 하나뿐이니 곧 반대편에서 놓인 다리이다. 그 다리는 바로 인간이 되어 우리의 세상에 들어와 우리의 삶을 사시고, 죄 때문에 마땅히 죽어야 할 우리를 대신하여 죽으신 하나님의 영원한 아들 예수 그리스도이시다. 하지만 그 다리는 때를 기다려야 했다.

히브리서의 알려지지 않은 저자는 편지 첫머리에서 예수

그리스도의 독특한 사역을 이렇게 표현했다.

옛적에 선지자들을 통하여 여러 부분과 여러 모양으로 우리 조상들에게 말씀하신 하나님이 이 모든 날 마지막에는 아들을 통하여 우리에게 말씀하셨으니 이 아들을 만유의 상속자로 세우시고 또 그로 말미암아 모든 세계를 지으셨느니라. 이는 하나님의 영광의 광채시요 그 본체의 형상이시라. 그의 능력의 말씀으로 만물을 붙드시며 죄를 정결하게 하는 일을 하시고 높은 곳에 계신 지극히 크신 이의 우편에 앉으셨느니라. 그가 천사보다 훨씬 뛰어남은 그들보다 더욱 아름다운 이름을 기업으로 얻으심이니(히 1:1-4).

예수 그리스도에 대한 초대교회의 이 장엄한 증언은 요한복음 첫머리에 나오는 요한의 증언(요 1:1-14)과 골로새서에 나오는 바울의 증언(골 1:15-23)에 필적한다. 우리가 흔히 '계시'와 '구속'이라 부르는 중보의 두 가지 중요한 영역이 그 안에 함께 나타나 있는데, 이 두 가지 영역에서 하나님은 예수 그리스도를 통해 활동하셨다. 즉 하나님은 예수 그리스도를 통해 무지한 우리에게 말씀하셨고, 예수 그리스도를 통해 우리의 죄를 해결하셨다.

그뿐 아니라 두 가지 영역 모두에서 예수 그리스도는 아무도 필적할 자 없이 우월하신데, 사실 이것이 히브리서의 주제이다. 히브리서의 독자들은 유대인 그리스도인들이다. 그들은 예수님을 믿는다는 이유로 박해받고 있었고 그래서 기독교를 버리고 유대교로 돌아갈 위험에 처해 있었다. 그러나 실현된 상태에서 기다리는 상태로, 실체에서 그림자로 돌아가는 일이 어찌 가능할 것인가? 그것은 그들이 애초에 예수님의 실체를 보지 못했다는 말밖에 되지 않는다. 그래서 히브리서 저자는 예수 그리스도가 구약의 모든 인물보다 우월하며 과거와 미래의 만인보다 뛰어남을 논증해나간다. 계시의 영역에서 모세보다 위대한 선지자요 구속의 영역에서 아론보다 위대한 제사장임을 밝힌다. 예수 그리스도를 통해 우리는 모세가 가르친 것보다 더 온전히 하나님을 알며, 아론이 제사장으로서 했던 것보다 더 친밀하게 하나님께 나아갈 수 있다.

예수 그리스도를 통한 하나님의 계시

히브리서 저자는 신약과 구약을 대조하고 있는데, 양쪽의 공통점은 **하나님이 말씀하셨다**는 점이다. "옛적에 선지자들을 통하여 … 우리 조상들에게 말씀하신 하나님"(1절)이 "이 모든 날 마지막에는 아들을 통하여 우리에게 말씀하셨으니"(2절). 똑같은 동사가 똑같이 부정과거시제로 두 번 등장한다.

하나님이 '말씀하셨다'는 표현, 즉 그분이 생각을 말로 표현하셨다는 선언을 우리는 매우 진지하게 대해야 한다. 우리 인간끼리도 침묵을 지키는 한 서로의 생각을 읽을 수 없다.

내가 당신에게 말해야만 당신은 내 생각을 알 수 있고, 당신이 내게 말해야만 나는 당신의 생각을 알 수 있다. 인간끼리도 말이 오가지 않는 한 피차 이해할 수 없을진대 하나님이 말씀하시지 않는다면 오죽하겠는가? 이사야서 말씀처럼 그분의 생각은 우리 생각과 다르며, 인간이 하나님의 생각을 읽기는 불가능하다. 그러므로 우리가 그분의 생각을 알려면 그분이 말씀해주셔야 하고 그 생각에 언어를 입혀주셔야 한다. 바로 이것이 그분이 하신 일이다. 그분은 구약 시대에는 선지자들을 통해 말씀하셨고, 이제 이 마지막 날에는 아들을 통해 말씀하셨다.

하지만 하나님이 말씀하셨다는 사실은 신약과 구약이 같을지라도 하나님이 계시하신 시기와 방법과 내용은 다르다.

계시의 **시기**에 있어, 그분은 "옛적에 조상들에게" 말씀하셨고 이제 "이 모든 날 마지막에는 우리에게" 말씀하셨다. "이 모든 날 마지막"이라는 문구는 오랫동안 기다려온 새 시대가 예수님과 함께 도래했고 따라서 우리는 역사의 마지막 시기에 살고 있다는 사도들의 확신을 보여주는 말이다. 또 하나님이 이제 '우리에게' 말씀하셨다는 것은 예수 그리스도께서 계층과 문화를 초월하여 새로 범세계적인 공동체를 세우셨다는 뜻이다. 이렇듯 예수 그리스도를 통한 하나님의 계시에는 최종적 특성과 보편적 특성이 공존한다.

계시의 **방법**에 있어, 하나님은 우리 조상들에게는 선지자들을 통해 "여러 모양으로" 말씀하신 반면 지금 우리에게는 "아들을 통해" 말씀하신다. 선지자에게 영감이 임하는 과정은 굉장히 다양했다. 이따금씩 하나님은 환상과 꿈과 비몽사몽 같은 체험을 통해 자신을 계시하실 때도 있었지만, 그보다 신탁을 통해 선지자들에게 그리고 그들을 거쳐 백성들에게 "여호와의 말씀이 임한" 경우가 더 많았다. 아울러 구약성경 전체가 어떤 의미에서 '예언'으로 간주된 만큼, 저자들은 역사의 사건을 기록할 때나 시나 잠언 등 지혜 문학을 기록할 때에도 자신들의 예언자적 기능을 십분 발휘한 경우가 많았다. 하나님이 구약 시대에 여러 모양으로 말씀하셨다는 말은 바로 그런 뜻이다. 그런데 이제 하나님은 "아들을 통해" 말씀하셨다. 그것은 비단 나사렛 예수의 가르침을 통해서만 아니라 특히 그분의 인격과 행실을 통해서도 말씀하셨다는 뜻이다. 예수님의 인격과 행실 속에 하나님의 영광이 나타났기 때문이다.

계시의 **내용**에서도, 히브리서 1장 1절의 "여러 시대에 여러 모양으로"(NIV)는 직역하면 "여러 부분과 여러 모양으로"가 된다. 다시 말해 하나님이 구약을 통해 자신을 알려주신 그 계시는 형태가 다양했을 뿐 아니라 내용도 부분적이었다. 그리스도인들은 점진적인 계시라는 것을 믿는다. 즉 하나님은 단계별로 조금씩 자신을 계시해오셨고, 각각의 새로운 단계는 그 이전의 단계들을 기초로 했다. 그런데 구약성경에 나오는 '여러 부분'의 계시 위에 이제 하나님의 아들이 놓인다. 그분은 드라마의 대단원으로 암시되는데, 이는 하나님이 자신을 알려주시는 계시가 예수님 안에서 그리고 예수님을 통해서 완성되었기 때문이다.

이러한 완성은 계시의 통로가 되신 예수님이 얼마나 위대하신 분인가를 통해 강조된다. 인간이 생각할 수 있는 최고의 호칭들과 수식이 그분께 주어지는데, 첫째로 우주와 관련해서 그렇고 둘째로 하나님 자신과 관련해서 그렇다. 우선 우주와 관련해서 그분은 "만유의 상속자", "그로 말미암아 [하나님이] 모든 세계를 지으셨고"(2절) 지금도 "그의 능력의 말씀으로 만물을 붙드시는"(3절) 분으로 불린다. 이렇듯 저자는 믿어지지 않을 정도로 간단한 세 가지 표현을 통해 역사의 시발점에서 출발하여 역사의 모든 전개를 지나 마침내 절정에까지 이른다. 그러면서 그는 온 우주가 처음부터 대행자이신 하나님의 아들 예수 그리스도를 통해 창조되었고, 지금도 그분의 능력의 말씀으로 유지되고 있으며, 어느 날 정당한 유업으로 그분께 귀속될 것임을 역설한다.

하나님과 관련해서 그분은 우선 '아들'로 불린다. 그것은 어떤 천사에게도 주어지지 않은 높은 이름이요 "더욱 아름다운 이름"이다(히브리서 저자는 이에 대해 4-14절에 자세히 설명하고 있다). 다음으로 그분은 "하나님의 영광의 광채시요 그 본체의 형상"(3절)이시다. 둘 다 강력한 수사적인 표현으로, 한편으로는 햇빛이라는 외부 세상에서 또 한편으로는 문서와 밀랍과 도장이라는 내부 세상에서 온 것이다. 인간의 단어와 이미지로 표현 가능한 한도 내에서, 두 가지 모두 삼위 하나님의 영원한 신비 안에 있는 아버지와 아들의 관계를 보여준다. 첫 번째 표현에 따르면 아들은 태양에서 계속 비추는 햇빛처럼 "하나님의 영광의 광채"이시다. 니케아 신경에는 이것이 "빛에서 난 빛"으로 표현되어 있다. 두 번째 표현에 따르면 아들은 밀랍에 찍힌 도장처럼 아버지의 본체의 '형상'이시다.

이 두 가지 표현은 서로 합해져 의미를 보완해 준다. 햇빛의 이미지는 아들이 아버지와 하나임을 강조하는 반면, 밀랍에 찍힌 도장의 이미지는 아들이 아버지와 구별된 존재임을 강조한다. 4-5세기의 신학자들이 이단들에 대항하여 성부와 성자 관계의 본질을 규명하려 하던 때에 이 둘은 대단히 중요한 개념이었다. '양태론자들'은 현재의 양태만 다를 뿐 성부와 성자가 단일한 인격체라고 주장했다. 즉 하나님이 아버지로 존재하시던 상태를 끝내고 아들이 되셨다는 것이다. 반면에 아리우스파는 성부와 성자가 완전히 구별된 인격체이며, 사실은 아들이 창조되었고 그래서 아버지께 복종한다고 가르쳤다. 이런 이단들에 반하여, 본문에는 아들이 그 존재에서 영원히 아버지와 하나("하나님의 영광의 광채")인 동시에 그 인격체 또는 양태에서 아버지와 구별된 자("그 본체의 형상")로 묘사된다.

우리와 같은 '혈과 육'을 취하시고(히 2:14) 우리처럼 고난과 유혹을 경험하시고(히 2:10, 18) 우리를 위하여 죽음을 맛보신 (히 2:9, 14) 분이 바로 이 영광스럽고 유일무이하신 분, 곧 아들, 광채, 아버지의 형상, 창조주, 만물을 붙드시는 분, 만유의 상속자이시다. 참 하나님이신 그분이 참 인간이 되신 것이다. 그분이 인간이 되셨기에 우리는 그분을 이해할 수 있다. 친숙한 인간의 정황 안에서 그분을 보기 때문이다. 그러나 그분이 하나님도 되시기에 우리는 동시에 그분의 인성 속에 계시되는 하나님의 본체와 목적을 본다. 하나님을 아버지라 부르시는 그분은 우리에게도 같은 권한을 주시며 그렇게 부르라고 권하신다. 그분이 하나님의 나라 즉 하나님의 통치에 대해 말씀하시면서 우리에게 당부하시는 것은, 그 나라가 도래했다는 기쁜 소식을 '믿고' 직접 '받아들일' 뿐 아니라 그것을 최고 목표로 '구하고' 그 나라의 성장을 최고선으로 삼아 거기에 우리의 삶을 바치라는 것이다.

풍랑을 잠잠하게 하시고 물 위를 걸으시고 떡과 물고기로 기적을 베푸시고 병자를 고치시고 죽은 자를 살리시는 그분에게서 우리는 자연을 다스리는 권능을 본다. 구약의 권위에 겸손히 복종하시고, 구약의 근본 원리들을 예리하게 꿰뚫어 보시며, 구약과 모순되거나 그것을 혼잡하게 하는 인간의 모든 전통을 단호히 거부하시는 그분을 본다. 또 우리는 여자들과 아이들을 존중하시고, 가난하고 멸시받는 자들을 불쌍히 여기시고, 주린 자들을 먹이시고, 죄인들을 용서하시는 그분을 본다. 우리는 죽음의 실체 앞에 분개하여 '호령'하시고, 귀신들을 명하여 쫓아내시고, 위선자들에게 분노와 경고를 발하시는 그분의 음성을 듣는다. 우리는 그분이 결연히 예루살렘으로 향하시고, 자신에 대해 기록된 고난의 길을 비껴가지 않으시며, 겟세마네 동산에서 고뇌를 맛보시고, 십자가에서 하나님께 버림받으시는 모습을 본다. 그리고 마침내 우리는 부활하신 주님을, 즉 죄인들을 구원하시고 죽음을 정복하시고 천하의 권세를 주장하시며 제자들을 향해 가서 모든 족속으로 제자를 삼도록 명하시는 그분을 본다.

이 모두와 그 이상을 통해 우리는 그분의 영광을 보며, 또한 그것이 하나님의 독생자의 영광임을 알아본다. 그분은 "은혜와 진리가 충만"하시고, 능력과 온유와 의와 믿음과 사랑이 넘치시며, 겸손한 자들을 긍휼히 여기시고 교만한 자들을 엄중히 다루신다. 그분을 보노라면 그 태도와 행동이 하늘 아버지와 똑같다. 물론 어떤 사람들은 하나님에 관해 말할 때 우리를 무신론자가 되도록 몰아간다. 즉 "나는 하나님을 믿지 않는다. 적어도 네가 말하는 그 하나님은 아니다"라고 말하게 만드는 것이다. 하지만 예수님을 보고 들으면 우리의 반응이 완전히 달라진다. "이분이 곧 우리가 믿는 하나님", 살아계신 참 하나님, 예수 그리스도를 통해 계시된 하나님이라고 말하게 되는 것이다. "하나님의 아들이 이르러 우리에게 지각을 주사 우리로 참된 자를 알게 하신 것"(요일 5:20)을 우리가 알기 때문이다. 성경에 기록된 대로 예수님은 친히 빌립에게 "나를 본 자는 아버지를 보았다"(요 14:9) 말씀하셨다.

예수 그리스도를 통한 하나님의 구속

예수님은 가르치기 위해서만 아니라 구원하러 오셨고, 인간에게 하나님을 계시하기 위해서만 아니라 하나님을 위해 인간을 구속하러 오셨다. 우리의 핵심적인 문제는 무지가 아니라 죄와 그에 대한 책임이기 때문이다. 하나님이 주신 계시와 마찬가지로 하나님이 이루신 구속도 "예수 그리스도를 통해서" 온다. 예수 그리스도는 그 두 가지 일에서 모두 대행자이며 중보자이시다.

이것이 히브리서에는 "죄를 정결하게 하는 일을 하시고"(히 1:3)라고 표현되어 있다. 이것은 구약의 제사 제도에서 빌려온 표현이다. 히브리서 나머지 부분에서는 예수님을 우리의 '큰 대제사장'으로 그린다. 속죄를 위해 완전한 제물을 드리신 그분은 아론보다 크시다. 그 제물은 황소도 아니고 염소도 아니고 어린 양도 아니고 바로 그분 자신이었다. 구약의 동물 제사는 장차 올 실체, 즉 우리를 위해 자신의 피를 흘리고 목숨을 버리실 그리스도에 대한 그림자에 지나지 않았다. 사실 히브리서 저자는 한 걸음 더 나아가 희생양이라는 상징을 담대히 예수님께 적용한다. 그는 그분이 "많은 사람의 죄를 담당하시려고 단번에 드리신 바" 되셨다고 말한다(히 9:28). 이 "더 좋은 제물"이야말로 "더 좋은 언약"에 딸린 "더 좋은 약속"들의 기초이다(히 7:22; 8:6; 9:23). "황소와 염소의 피가 능히 죄를 없이 하지 못하기" 때문이다(히 10:4). 그러나 이제 예수 그리스도께서 친히 말씀하신 대로 "죄 사함을 얻게 하려고 … 언약의 피"를 흘리셨으므로(마 26:28) 하나님의 새 언약이 효력을 발한다. "그들의 죄와 그들의 불법을 내가 다시 기억하지 아니하리라"(히 8:7-13; 10:15-18).

히브리서 저자는 하나님이 한번 사하신 죄는 다시 기억하지 않으신다는 이 큰 약속을 강조했다. 그것은 완성된 속죄 제사를 통해서만 가능해진 완성된 죄 사함이다. 저자는 예수께서 앉으셨다는 사실이 그것을 생생해 보여주는 상징이라고 보고, 편지의 첫머리에서부터 그 점을 환기한다. "죄를 정결하게 하는 일을 하시고 높은 곳에 계신 지극히 크신 이의 우편에 앉으셨느니라"(히 1:3). 그런 다음 나중에 이렇게 덧붙여 설명한다. "제사장마다 매일 서서 섬기며 자주 같은 제사를 드리되 이 제사는 언제나 죄를 없게 하지 못하거니와 오직 그리스도는 죄를 위하여 한 영원한 제사를 드리시고 하나님 우편에 앉으사"(히 10:11-12). 사실 성막이나 성전 안에는 제사장의 좌석이 마련되어 있지 않았다. 직무가 끝이 없었기에 그들은 서서 섬겼고, 매년 매달 매주 매일 끝없이 직무를 계속하며 끝없이 제사를 드렸다. 그런데 마침내 큰 대제사장 예수님이 오셔서 "죄를 위하여 한 영원한 제사를 드리시고" 앉으셨다. 이는 크랜머Cranmer가 1662년 성찬 예배에서 그토록 승리를 축하했던 "자기를 단번에 드리신 희생"이며 "온 세상의 죄를 위한 풍족하고 완전하고 충분한 제물이요 희생이요 속죄"이다. 구약의 제사장들은 일이 끝나지 않았기에 서 있었지만, 그분은 일을 다 이루고 앉으셨다. "그가 거룩하게 된 자들을 한 번의 제사로 영원히 온전하게 하셨느니라"(히 10:14).

예수님의 독특한 제사장직과 완전한 제사의 결과로 우리는 이제 언제든지 하나님께 가까이 갈 수 있게 되었다. 우리는 예수님께 달려가 피난처를 얻었고 그분을 통해 완전한 용서를 받았다. 구약 시대에는 제사장들만이 하나님께 가까이 나아갈 수 있었다. 하나님이 임재하시는 지성소로 통하는 휘장은 오직 대제사장만이 통과할 수 있었고, 그것도 1년에 딱 한 번 속죄일에만 가능했다. 다른 사람들은 다 멀찍이 있어야 했고, 그러지 않으면 죽었다. 그러나 이제 제사장과 백성들을 가르던 구분은 예수님으로 말미암아 폐기되었고, 그리하여 지금은 '만인제사장'의 시대이다. 이제 목사나 일반인이나 군주나 평민이나 아무런 차별이 없이 그분을 통해 모두 하나님께 가까이 나아갈 수 있다. 그래서 히브리서 저자는 하나님께 나아가는 그 특권을 누리라고 편지의 독자들에게 이렇게 권고한다. "그러므로 형제들아, 우리가 예수의 피를 힘입어 성소에 들어갈 담력을 얻었나니, 그 길은 우리를 위하여 휘장

가운데로 열어 놓으신 새로운 살 길이요 휘장은 곧 그의 육체니라. 또 하나님의 집 다스리는 큰 제사장이 계시매 우리가 마음에 뿌림을 받아 악한 양심으로부터 벗어나고 몸은 맑은 물로 씻음을 받았으니 참 마음과 온전한 믿음으로 하나님께 나아가자"(히 10:19-22). 현대의 많은 그리스도인들은 이 '온전한 믿음'(또는 '믿음의 온전한 확신', NIV)이 부족한 것 같다. 그들은 주뼛주뼛 눈치 보듯 하나님께 나아가며, 자신의 신분에 대한 확신이 없다. 자신이 하나님께 가까이 나아가기에 합당하지 않다는 것이다. 물론 우리는 합당하지 않다! 합당한 자격이 있어 하나님께 가까이 나아갈 수 있는 사람은 우리 중에 아무도 없다. 하지만 예수 그리스도가 합당하시고 죄를 위한 그분의 완전한 제사가 합당하다면 어떤가? 그분을 통해서만 우리는 하나님께 가까이 나아갈 수 있고 마땅히 그래야 한다. 그러므로 보다시피 그리스도인이 확신을 품을 수 있는 근거는 바로 예수 그리스도의 중보에 대한 바른 교리에 있다. 우리를 위해 죽으신 예수 그리스도를 통해 하나님께 갈 때에만 눈치 보지 않고 당당하게, 두려움 대신 확신으로 나아갈 수 있다. 앞서 말한 것처럼 예수 그리스도가 중보라는 개념은 우리를 하나님과 멀어지게 하기는커녕 오히려 우리가 하나님께 나아가는 길이 된다. 그 점을 명심해야 한다.

사도 바울도 로마서에서 동일한 진리를 강조하며 동일한 확신을 표현한다. 우선 그는 모든 인간이 하나님 앞에 죄인임을 증명한 뒤, 하나님이 죄인들을 하나님 자신과 화목하게 하시는 길을 설명했다. 그 길은 우리 행위에 기초한 것이 아니라 우리 죄를 위하여 자신을 희생하신 그리스도께 기초한 것이며, 우리가 그분을 믿을 때 효력을 발한다. 그러고 나서 바울은 이렇게 잇는다. "그러므로 우리가 믿음으로 의롭다 하심을 받았으니 우리 주 예수 그리스도로 말미암아 하나님과 화평을 누리자. 또한 그로 말미암아 우리가 믿음으로 서 있는 이 은혜에 들어감을 얻었으며 … 곧 우리가 원수 되었을 때에 그의 아들의 죽으심으로 말미암아 하나님과 화목하게 되었은즉 … 이제 우리로 화목하게 하신 우리 주 예수 그리스도로 말미암아 하나님 안에서 또한 즐거워하느니라"(롬 5:1-2, 10-11). 이 짧은 문단 안에서 바울은 예수 그리스도와 관련해 '통해'라는 단어를 다섯 번이나 반복하고 있다(우리말 개역개정 성경에는 '~으로' 또는 '~으로 말미암아'로 번역되어 있다-역주). 즉 우리가 하나님과 더불어 화목하게 된 것은 그리스도의 죽음을 통해서이다. 우리가 화목을 얻는 것도, 은혜를 얻는 것도, 하나님과 더불어 화평을 누리는 것도, 하나님 안에서 즐거워하는 것도 모두 그리스도를 통해서이다. 화목, 은혜, 화평, 기쁨, 이는 모두 예수 그리스도의 완성된 제사와 지금도 계속되는 중보를 통해서만 우리의 것이 되는 복이다. 그러니 우리의 기도가 그분을 통해 하나님께 올라가는 것은 당연한 일이다. 우리의 구주요 주님이신 성자 예수 그리스도를 통하지 않고는 아버지께로 갈 다른 길이 없기 때문이다(참고. 요 14:6).

그리스도 안에서의 하나님의 계시는 완전하다

모든 것은 성부 하나님으로 시작되며, 주도적인 은혜도 오로지 그분의 것이다. 그분이 순전히 사랑으로 우리에게 자신을 보여주시고(계시) 또 우리를 자신께로 데려가기(구속) 원하셨기 때문이다.

결국 하나님은 계시와 구속 둘 다 예수 그리스도를 통해 행하셨다. 그분이 우리에게 자신을 계시하신 것도 그리스도를 통해서요 그분이 자신을 위해 우리를 구속하신 것도 그리스도를 통해서이다.

그뿐만 아니라 예수 그리스도를 통한 하나님의 계시와 구속은 이미 둘 다 완성되었다. 히브리서 저자는 이 점을 강조하며 "이 모든 날 마지막에는" 하나님이 아들을 통해 우리에게 말씀하셨고 또 아들은 죄를 정결하게 하는 일을 하신 후에 "앉으셨다"고 말한다(히 1:2-3). 둘 다 역사적으로 이미 완성된 일이다.

그러므로 하나님이 그 아들 예수 그리스도를 통해 주신 것보다 더 높은 계시가 있다거나 하나님이 우리 구주 예수 그리스도의 사역을 통해 이루신 것보다 더 온전한 구속이 있을 수 있다는 생각은 어불성설이다. 계시와 구속은 둘 다 이미 완성되었고 완전하다. 예수 그리스도를 통해 말씀하시고 행하신 일을 하나님은 '단번에*hapax*' 하셨다. 이것은 십자가와 관련해 히브리서 저자가 즐겨 쓴 단어인데(히 7:27; 9:12, 26-28; 10:10; 참고. 롬 6:10; 벧전 3:18) 유다도 같은 표현을 써서 "성도에게 단번에 주신 믿음의 도"(유 1:3)를 말했다. 이렇듯 그리스도께서 우리 죄를 위해 자신을 드리신 것도 단번에 된 일이고, 믿음이 우리에게 주어진 것도 단번에 된 일이다. 그렇다고 이 말을 오해해서는 안 된다. 이 말은 우리가 하나님을 이해하는 정도나 그분과의 관계 수준이 완벽하다는 뜻이 아니라 그러한 이해나 관계를 가능케 하고자 하나님이 하신 일, 즉 예수님을 통한 그분의 계시와 구속이 완전하다는 뜻이다. 우리는 배워야 할 것이 아주 많으나, 하나님은 예수 그리스도 안에서 이미 계시하신 것 외에 더 계시하실 것이 없다. 그러므로 하나님이 그리스도 안에서 단번에 계시하신 영광을 더 많이 깨닫도록 성령께서 우리의 생각을 비춰주시는 대로 우리의 그리스도인다운 통찰은 자라간다. 또 우리는 받을 것이 아주 많으나 하나님은 예수 그리스도 안에서 이미 주신 것 외에 더 주실 것이 없다. 그러므로 하나님이 그리스도 안에서 단번에 주신 영적 유업을 더 많이 얻도록 성령께서 우리를 능하게 하시는 대로 우리의 그리스도인다운 성품은 자라간다.

그래서 16세기의 개혁가들은 오직 성경에만*sola scriptura* 권위가 있고 오직 은혜로만*sola gratia* 우리가 구원받음을 강조했다. 현대의 복음주의자들 역시 성경과 십자가를 강조하고 그 둘이 이미 완성되었음을 강조한다. 그것은 우리가 극단적인 보수주의자나 반지성주의자나 간혹 주변에서 말하는 골수분자여서가 아니다. 오히려 그것은 우리가 예수 그리스도를 사랑하기 때문이요 그분의 유일무이한 영광과 절대적인 충족성을 하나님을 힘입어 증언하기로 작정했기 때문이다. 그리스도 안에서 그리고 그분을 증언하는 성경 안에서 하나님의 계시는 완전하다. 이 완성된 말씀에 우리의 말을 조금이라도 보탠다면 그것은 그리스도를 모욕하는 것이다. 그리스도 안에서, 그리고 그분이 십자가에서 이루신 속죄 안에서 하나님의 구속은 완전하다. 이 완성된 일에 우리의 일을 조금이라도 보탠다면 그것도 그리스도를 모욕하는 것이다. 이것이 우리의 관점이며, 이는 어디까지나 그리스도의 영광이 달린 문제이다.

지금까지 우리가 신약성경에서 살펴본 첫 번째 부사구에 그것이 모두 함축되어 있다. 하나님에 대해 우리가 무엇을 알든 그것은 예수 그리스도를 통해 아는 것이요, 하나님께 우리가 무엇을 받든 그것도 예수 그리스도를 통해 받은 것이다. 그러므로 우리 주 예수 그리스도를 통해 하나님께 찬송을 돌린다!

우리의 기초이신
그리스도 위에
On Christ our Foundation

2

모든 건축가와 건설업자는 든든한 기초의 중요성을 잘 안다. 건물이 좋아도 기초가 나쁘면 무용지물이 되는 정도가 아니라 위험천만하기 때문이다.

런던 랭햄 플레이스의 우리 올 소울즈 교회 가족들이 그 사실을 새삼 실감하게 된 일이 있었다. 1822년 교회를 처음 짓기 시작할 무렵에 존 내시John Nash는 뜻밖의 문제에 부딪쳤다. 옛날에 벽돌 공장이 있던 자리로 추정되는 대지에 하수구와 오수 구덩이가 널려 있었던 것이다. 건축위원들에게 그것을 보고하면서 그는 안전한 기초를 확보하려면 추가로 1만 8,000파운드를 더 들여야 한다고 말했는데, 그것은 건축 자금 총액의 10퍼센트에 이르는 금액이었다.

몇 년 전까지만 해도 단순한 정보에 지나지 않던 그 사항이 건물이 날로 불편해져가면서 중요한 문제가 되었다. 기존 건물은 아름답기는 했지만 현대의 필요에는 맞지 않았다. 가시성과 가청성이 모두 빈약해서 위층에 앉는 사람들은 예배에서 격리되어 구경꾼으로 전락한 기분이 들었다. 강대상이 있는 곳도 드라마를 올리거나 오케스트라를 수용할 여유 공간이 없었다. 한마디로 '같은 일로 함께 모였다'는 느낌을 갖기 어려운 구조였다. 게다가 식사를 제공하거나 교제를 활성화하는 데 필요한 홀이나 주방이나 식당도 없었다. 이런 결함을 보완하고 미비한 시설을 갖추려면 교회 건물을 어떻게 증축해야 할까? 교회 바닥을 높이고 내부 구조를 조정하면서 지하실도 지을 수 있을까? 증축 사업을 담당할 건축가로 지명된 로버트 포터Robert Potter는 존 내시가 놓은 기초를 면밀히 검토했다. 맨 처음 그의 눈에 띈 것은 "전체 교회당 밑으로 큰 지하실을 들여도 될 만큼 깊이가 충분하다"는 것이었다.[1] 늪지 같은 토양 때문에 존 내시가 원래 계획했던 것보다 적어도 90센티미터나 더 깊이 기초를 파놓은 결과였다. 두 번째 발견한 사실은 내시가 "건물 하중이 골고루 분산되도록 각별히 유의하여 지주에서 벽까지 역逆 아치형으로 기초를 쌓았다"는 것이다. "벽돌로 쌓은 매우 흥미로운 이 기초는 더할 나위 없이 단단했고" 그래서 포터는 자신이 설계한 지하 홀에 그것을 공교하게 통합했다.

로버트 포터는 1978년 10월에 쓴 편지에 건물의 기초에 관한 이론을 나에게 친절히 설명해주었다. 압착을 견디는 저항력을 충분히 확보하려면 양쪽에 똑같은 힘으로 중력을 안배해야 한다는 것이었다. 그는 이 견고한 건물을 지은 존 내시와는 반대로 현명하지 못했던 중세 건축가들의 사례도 소개했다. "랠프 드 러파 주교가 치체스터에 지은 성당은 웅장하고 꾸밈없는 로마네스크풍 건물인데 기초 벽이나 하중점이 없이 로마 도시의 잔해 위에 세워졌습니다. 로마 시대와 그 이전 시대의 잔해와 매장물로 이루어진 매립지는 세월이 흘러 짜부라졌고, 급기야 상부 구조물이 붕괴되었습니다. 그래서 1962년에 감독관인 제가 맨 먼저 한 일은 기초를 보강하는 일이었습니다. 알고 보니 랠프 주교가 기초를 1미터 40센티미터만 더 깊게 팠더라도 그런 일은 불필요했을 것입니다."

건물의 안전성이 다분히 기초에 달려 있듯이 인생의 안전성도 마찬가지이다. 개인적인 안전을 추구하는 것이 원초적인 본능임에도 오늘날 그 안전을 얻지 못하는 사람들이 많이 있다. 친숙했던 이정표들이 뽑혀나가고, 한때 영원할 줄 알았던 도덕적인 절대 가치들은 버려지고 있다. 악이 성행하고 사람들이 자신을 조롱할 때 "터(기초)가 무너지면 의인이 무엇을 하랴"(시 11:3) 하고 탄식했던 시편 저자와 같은 심정인 사람들이 많이 있다. 아브라함처럼 우리도 자신이 지상의 순례자나 방랑자에 지나지 않음을 깨닫는다. 이런 상황에서 "하나님이 계획하시고 지으실 터(기초)가 있는 성"을 바라보고(히 11:10), 또 "진동하지 아니하는" 견고한 것들을 붙드는 것(히 12:26-28)은 당연한 일이다.

특히 우리 그리스도인들은 언제나 예수 그리스도를, 영혼에 안식을 얻고 인생을 세워 나갈 하나뿐인 견고한 기초로 생각해왔다. 교회의 많은 찬송가들이 이 진리를 노래하고 있는데, 예를 들어 7-8세기경에 불린 옛 라틴어 찬송 가운데 우리 귀에 가장 익은 가사는 이렇게 시작된다.

    그리스도는 우리의 모퉁잇돌
    오직 그 위에 우리는 지으리.

그보다 덜 알려진 J. M. 닐Neale의 번역은 이렇다.

    그리스도는 견고한 기초,
    하나님이 택하신 보배로운
    머리이자 또한 모퉁잇돌.
    온 교회를 하나로 묶는
    거룩한 시온의 영원한 도움,
    오직 하나뿐인 의지할 분.

존 뉴턴John Newton은 같은 개념을 더욱 친근하게 표현했다. 신앙 없이 항해사로, 노예무역상으로 살아가던 그는 풍랑이 이는 바다에서 극적으로 회심한 뒤 감격에 겨워 〈나 같은 죄인 살리신〉을 지었다. 그는 또 이런 찬송시도 지었다.

귀하신 주의 이름은 참 아름다워라.
내 근심 위로하시고 평강을 주시네.

주님은 반석이시요 내 방패 되도다.
그 은혜 무한하시니 바다와 같도다.

나는 신약성경에 예수님과 관련하여 '위에*epi*'라는 단어가 자주 쓰이는 것을 보고 놀랐다. 그 단어가 쓰일 때마다 그분은 터와 기둥과 기초로 그려져 있다. 우리는 그 위에 서고 그 위에 기대고 그 위에 짓는다. 이번 장에서 우리는 바로 이 관계의 본질을 고찰하고자 하는데, 그것은 당연히 1장에 이어지는 내용이다. 하나님이 그리스도를 '통해' 주도적으로 은혜를 베푸셨다면, '위에'라는 단어는 그에 대한 우리의 반응을 나타내기 때문이다. 즉 하나님은 예수 그리스도를 통해 일하셨고, 우리는 그분이 하신 일 위에서 안식한다. 하나님은 예수 그리스도를 통해 말씀하셨고, 우리는 그 독특한 계시 위에 우리의 삶을 짓는다.

믿음으로 얻는 안식
—

앞 장에서 본 것처럼 예수 그리스도는 십자가에서 우리 죄를 담당하여 '온 세상 죄를 대속하기 위한 풍족하고 완전하고 충분한 제물'을 드리신 뒤에 아버지의 오른편에 앉으셨다. 속죄의 사역은 완수되었고 그분은 이미 구원을 다 이루셨다. 우리는 거기에 아무것도 더할 필요가 없으며, 사실 더하려고 한다면 그것은 그분이 하신 일의 충족성을 의심하는 것이다.

그러므로 그리스도께서 일을 다 이루시고 '쉬신다면' 우리도 그 완성된 일 안에서 혹은 그 위에서 '쉬어야' 한다. 오직 예수님만 의지하면 하나님이 우리를 받아주신다. 히브리서는 하늘에 오르신 그리스도께서 앉아 계시다는 것을 강조할 뿐만 아니라 그리스도인이 믿음으로 안식할 것을 또한 강조한다(히 3-4장). 저자는 구약성경에서 두 구절을 인용하는데, 하나는 "그가 하시던 모든 일을 그치고 일곱째 날에 안식하시니라"(창 2:2) 한 말씀이고, 또 하나는 불신하는 이스라엘에 내리신 "그들은 내 안식에 들어오지 못하리라"(시 95:11) 하신 엄중한 경고의 말씀이다. 이 두 말씀을 근거로 저자는 하나님이 지금도 그 백성에게 약속하시는 '안식'이 있으며, 그것은 우리가 예수 그리스도를 믿을 때 우리의 것이 된다고 정확히 추론한다. "이미 믿는 우리들은 저 안식에 들어가기" 때문이다(히 4:3). 히브리서 저자는 "안식할 때가 하나님의 백성에게 남아 있도다"(히 4:9)라고 말한 뒤에 "이미 그의 안식에 들어간 자는 하나님이 자기의 일을 쉬심과 같이 그도 자기의 일을 쉬느니라"(히 4:10)고 덧붙인다. 이것은 아주 강력한 표현이다. 일과 쉼은 상호 배타적인 관계이다. 우리가 우리의 구원을 위해 일하고 있다면 우리는 쉬지 못하고 있는 것이다. 그러나 만일 우리가 그리스도께서 다 이루어 놓으신 일 안에서 쉬고 있다면 우리는 또한 한때 하나님의 호의를 얻어내려고 애쓰던 일들을 그치고 쉬고 있는 것이다.

구원의 믿음은 곧 안식의 믿음이며 전적으로 구주를 의지하는 신뢰이다. 존 페이턴John Paton은 요한복음을 번역하다가 이것을 깨달았다고 한다. 1824년에 스코틀랜드 덤프리셔의 한 미천한 집안에서 태어난 존 페이턴은 어려서부터 예수 그리스도를 따랐던 것으로 보인다. 대학에서 신학과 의학을 공부하기 전에도 그는 10년간 글라스고 시에서 선교사로 일했고, 그러다 졸업 후에 안수를 받고 장로교 선교사가 되어 뉴헤브리디스 제도諸島로 배를 타고 떠났다. 그런데 타나 섬에 도착한 지 석 달도 못 되어 그의 젊은 아내가 죽었고 곧이어 생후 5주밖에 되지 않은 아들도 죽었다. 3년 동안 적대적인 타나 사람들 속에서 그는 혼자 위협을 무릅쓰고 예수 그리스도를 전하려 했으나 결국 겨우 목숨만 부지한 채 그곳을 벗어났고, 후에 아니와 섬에서 15년을 보냈다. 그러던 어느 날 그는 집에서 요한복음을 번역하고 있었는데, 전도자 요한이 즐겨 쓴 *pisteuo eis* 즉 예수 그리스도를 '믿다, 의지하다' 라는 표현을 놓고 고심하게 되었다. 이 단어는 요한복음 1장 12절에 처음 등장하는데, 과연 이 말을 어떻게 옮길 것인가? 그 섬 주민들은 식인종이었고 사람을 믿지 않았으며, 그들의 언어에는 '믿는다'는 말이 없었다. 마침 원주민 일꾼이 방 안으로 들어오기에 페이턴은 "내가 무엇을 하고 있습니까?"라고 물었다. 그 남자는 페이턴이 책상 앞에 앉아 있다고 대답했다. 페이턴은 이번에는 발을 바닥에서 떼고 의자에 기대어 앉아 "지금은 내가 무엇을 하고 있지요?"라고 물었다. 일꾼은 '몸의 무게를 몽땅 기대다'라는 뜻을 지닌 동사를 써서 대답했다. 그래서 페이턴은 요한복음 전체에 나오는 '믿는다'는 말을 바로 그 단어를 써서 번역했다.[2]

그것은 아주 적합한 번역이라 할 수 있다. 흥미롭게도 요한이 쓴 *pisteuo eis*(believe into 또는 onto, 신봉하다)라는 표현이 누가가 기록한 사도행전에는 *pisteuo epi*(believe on, 의지하다)로 대치되어 있기 때문이다. 예컨대 "내가 어떻게 하여야 구원을 받으리이까" 하는 빌립보 간수의 불안한 질문에 바울은 문자적으로 이렇게 답했다. "주 예수를 믿으라(의지하라). 그리하면 … 구원을 받으리라"(행 16:31; 참고. 9:42; 11:17; 22:19).

현대 교회는 이에 대한 분명한 이해가 절실히 필요하다. 영적으로 불안하고 초조하며 구원의 확신이 없는 사람들이 많기 때문이다. 심지어 그리스도인이 품는 그런 확신을 무리한 억측이라고 가르치는 사람들도 있다. 그들은 요한이 분명히 진술한 말, 즉 믿는 사람들에게 그들이 이미 영생을 받았음을 '알게' 하려는 뚜렷한 의도로 요한일서를 썼다는 그 말을 무시한다(참고. 요일 5:13). 분명히 말하지만, 참된 확신은 억측이 아니라 "온전한 믿음"(히 10:22)이다. 그것은 바리새인처럼 자신을 의지하여 스스로 의롭게 여기던 것(참고. 눅 18:9, 여기에도 *epi*라는 말이 나온다)을 회개하고 대신 같은 비유 속에 나오는 세리처럼 그리스도의 십자가에 계시된 하나님의 자비만 전적으로 의존하는 사람들, 그런 모든 사람들에게 하나님이 주시는 고요하고 겸손한 확신이다.

믿음의 능력의 참 비밀은 믿음 자체가 아니라 믿음의 대상인 예수 그리스도께 있다. 마르틴 루터가 탁월한 갈라디아서 주해에 쓴 것처럼 "믿음은 … 고귀한 보석이신 그리스도 예수 외에 아무것도 알지 못한다."[3]

하나님은 이미 구약 시대에 특히 이사야를 통해 그 백성에게 잘못된 믿음의 대상들에 대해 가르치셨다. 사마리아가 함락되기 전, 앗수르의 위협이 동북부 지평에 짙게 드리웠던 주전 8세기에 유다의 정치 지도자들은 군사 맹방인 애굽에게 알랑거리고 있었다. 선지자 이사야는 그들의 불신에 격노했고, 하나님은 그를 통해 그들에게 재앙을 선고하셨다. 나중에 앗수르 왕이 그들에게 한 말은 과연 옳았다. "네가 의뢰하는 이 의뢰가 무엇이냐 … 네가 이제 누구를 의뢰하고 나를 반역하였느냐. 이제 네가 너를 위하여 저 상한 갈대 지팡이 애굽을 의뢰하도다. 사람이 그것을 의지하면 그의 손에 찔려들어 갈지라. 애굽의 왕 바로는 그에게 의뢰하는 모든 자에게 이와 같으니라"(왕하 18:19-21; 사 36:4-6). 그렇다면 나라에 비상사태가 닥쳤을 때 그들은 누구를 의뢰해야 했는가? 여기 이사야의 답변이 있다. "그러므로 주 여호와께서 이같이 이르시되, 보라, 내가 한 돌을 시온에 두어 기초를 삼았노니 곧 시험한 돌이요 귀하고 견고한 기촛돌이라. 그것을 믿는 이는 다급하게 되지 아니하리로다"(사 28:16). 하나님의 백성은 이 기촛돌을 의지해야 한다. 여기서 이사야가 말한 기촛돌은 다윗 왕조를 가리키는데, 그 왕조는 역사의 한 시점에서는 선한 왕 히스기야로 대변되지만 미래 어느 날 예수 그리스도를 통해 완성된다.

이사야가 믿음을 촉구한 이 말씀은 초대교회에 잘 알려져 있었다. 베드로와 바울은 둘 다 그것을 인용했는데, 그것을 예수 그리스도에 적용하면서 "걸림돌과 걸려 넘어지는 반석"(사 8:14-15)을 언급한 이사야의 다른 구절들과 연결했다. 그래서 28장 말씀과 8장 말씀을 합하면 서로 상반되는 두 갈래 길이 나온다. 예수 그리스도는 모든 사람에게 기촛돌이거나 아니면 걸림돌이다. 그분은 하나님의 반석이시며, 우리는 그분 위에 우리의 삶을 세우거나 아니면 그분한테 부딪쳐 정강이가 깨지고 비틀거리며 넘어지거나 둘 중 하나이다. 자력으로 구원을 이루려는 시도와 그리스도의 은혜로만 받는 구원 사이에서 우리는 양자택일을 해야 하는 것이다.

바울은 유대인 불신자들이 "부딪칠 돌에 부딪쳤다"고 말했는데, 이는 그들이 "하나님의 의를 모르고 자기 의를 세우려고 힘써 하나님의 의에 복종하지 아니"했기 때문이다. 반면 자신을 믿지 않고 오로지 그리스도만 구주로 믿은 겸손한 이방인들은 성경의 진리를 체험했다. "누구든지 그를 믿는 자는 부끄러움을 당하지 아니하리라 하니 유대인이나 헬라인이나 차별이 없음이라. 한 분이신 주께서 모든 사람의 주가 되사 그를 부르는 모든 사람에게 부요하시도다. 누구든지 주의 이름을 부르는 자는 구원을 받으리라"(롬 9:30-10:13).

흔들림 없는 그리스도의 약속

우리의 기초이신 그리스도를 겸손하고 당당하게 의지할 때 그리스도인들은 그분이 이루신 일뿐만 아니라 그분의 말씀도 의지한다. 그분이 자신을 신뢰하는 자들에게 주시는 흔들리지 않는 약속들을 의지하는 것이다.

하나님 백성의 믿음에 놓인
견고한 기초는 그 좋은 말씀,
머리 되신 예수를 믿는 자에게
주신 말씀 외에 다시없도다.

예수 함께하시니 두려워 말고
예수 주 되시니 근심도 말라.

의롭고 전능한 그 손으로
힘 주시고 지키시고 세우시리.

누구든지 그 이름 믿는 자
수치를 당하지 않으리라.
원수가 성도를 흔들려 하나
주께서 버리지 않으시리.[4]

가끔 나는 그리스도인의 삶에서 이 사실보다 더 중요한 교훈이 있을까 하고 생각한다. 즉 하나님은 우리의 연약한 자리로 내려와 우리에게 약속을 주셨고 그 약속을 절대로 어기지 않으시며, 믿음이란 우리 쪽에서 그 약속을 붙들고 그분의 신실하심에 의지하는 것이다. 우리는 빅토리아 시대에 유행한 이른바 '약속 상자'를 보며 웃을 때가 있다. '약속 상자'란 작은 종잇조각에 성경의 약속들을 인쇄해 작은 두루마리처럼 둘둘 말아 나무 상자에 넣어두었다가 필요할 때마다 아무거나 하나씩 골라 읽던 풍습이다. 물론 그것은 하나님의 약속을 본래의 문맥에서 떼어내는 처사였다. 그럼에도 나는 문맥과 상관없기는 해도 약속을 그렇게 순박하게 신뢰하는 것이 약속을 문맥에 따라 정확히 알면서도 믿지는 않는 요즘 세태보다는 낫다고 생각한다. 우리 중에는 하나님이 손안에 쥐어주신 비밀 무기를 전혀 사용하지 않은 채 영적 회의, 어두움, 우울, 무기력, 고질적인 죄, 떨치지 못한 유혹, 그리스도인다운 성숙에 이르지 못하는 부진함, 예배와 기도에 게으른 것, 그 밖의 많은 영적 질환을 호소하는 사람들이 너무 많다. 이를 가장 생생히 그려낸 사람이 고전《천로역정》을 쓴 존 버니언이다.

주인공인 '크리스천'과 '소망'은 의심이라는 성의 영내에 들어갔는데, 그 성 주인은 '절망'이라는 거인이었다. 거인은 잠들어 있는 둘을 보고는 "자기 성에 가두었다. 둘의 심령에 악취를 풍기는 아주 캄캄하고 지저분한 지하 토굴이었다. … 그렇게 그들은 수요일 아침부터 토요일 밤까지 빵 한 조각이나 물 한 방울도 없이, 빛도 없고 물어볼 사람도 없이 그곳에 누워 지냈다." 첫날 아침에 거인은 자기 아내가 시키는 대로 "매서운 돌능금나무 곤장을 들고 그들을 덮쳐 사정없이 때렸다." 탈출할 기색이 전혀 없었으므로 거인은 이튿날 역시 아내의 말대로 그들에게 "칼이나 밧줄이나 독약으로 스스로 목숨을 끊으라고 했다." 셋째 날에 그는 둘을 성의 마당으로 데리고 나가 여태까지 자기가 죽인 사람들의 무수한 뼈와 해골을 보여주며 말했다. "이들도 너희처럼 한때 순례자였고 이들도 너희처럼 내 영내를 침범했다. 내가 때를 보아 그들을 갈가리 찢었다. 앞으로 열흘 내로 너희도 저리 될 것이다. 다시 토굴로 돌아가라." 그들은 하루 종일 "전처럼 서글픈 모습으로" 그곳에 누워 있었다.

그러다 한밤중에 "그들은 기도하기 시작해 거의 날이 샐 때까지 계속 기도했다." 동트기 조금 전에 기도 응답이 왔고, 그러자 '크리스천'은 "별안간 열변을 토하기 시작했다. … 그는 이렇게 말했다. 자유로이 활보할 수 있는데도 이렇게 냄새나는 토굴에 누워 있다니 나는 얼마나 바보인가! 내 품속에는 '약속'이라는 열쇠가 있어. 그거면 분명히 의심의 성내에 있는 어떤 자물쇠도 열 수 있다. 그의 말을 듣고 '소망'이 대답했다. 형제여, 기쁜 소식이니 그대의 품에서 열쇠를 꺼내 어서 열어 보게." '크리스천'이 열쇠를 돌리자 "문이 스르르 열렸고" 이어 바깥문과 철문도 열려 둘은 순식간에 빠져나올 수 있었다. 삐걱거리는 문소리에 깬 거인 '절망'은 그들을 추격하려고 벌떡 일어났으나 "발작이 도져 사지가 움직이지 않았고 그래서 한 발짝도 쫓아갈 수 없었다."[5]

하나님은 말씀으로 약속하셨을 뿐 아니라 영원한 언약으로 그 백성에게 친히 맹세하셨다. 그리스도의 피로 맺으신 이 언약은 그분 자신의 "영원한 인자하심"으로 보장되며, 언약의 엄숙한 표징인 성찬에 임할 때마다 다시금 새로워진다. 이런 믿음의 기초가 있기에 우리에게는 믿지 않을 핑계가 있을 수 없다. 19세기 중엽에 26년간 영국 서섹스의 호셤에서 사역한 침례교 목사 에드워드 모트Edward Mote는 이 진리를 명확히 깨달았다. 그는 자신이 지은 최고의 찬송시 중 하나에 〈죄인의 소망의 변치 않는 기초〉라는 제목을 붙였는데, E.

H. 비커스테스Bickersteth 주교는 이 노래를 '위대한 신앙의 찬송'이라 부른 바 있다. 노랫말을 보면 그 기초란 예수 그리스도의 의, 죽음, 이름 또는 성품, 은혜, 언약, 약속이 모두 합해진 것이다. 이런 여섯 겹의 견고한 기초가 있는데 무엇이 두렵겠는가?

> 이 몸의 소망 무언가 우리 주 예수뿐일세.
> 우리 주 예수밖에는 믿을 이 아주 없도다.
> 주 나의 반석이시니 그 위에 내가 서리라.
>
> 무섭게 바람 부는 밤 물결이 높이 설렐 때
> 우리 주 크신 은혜에 소망의 닻을 주리라.
>
> 세상에 믿던 모든 것 끊어질 그날 되어도
> 구주의 언약 믿사와 내 소망 더욱 크라.
>
> 바라던 천국 올라가 하나님 앞에 뵈올 때
> 구주의 의를 힘입어 어엿이 바로 서리라.
> 주 나의 반석이시니 그 위에 내가 서리라.[6]

삶의 기초인 그리스도의 가르침

에드워드 모트가 말한 반석과 모래라는 두 기초는(원문 후렴에 '다른 기초는 다 가라앉는 모래'라는 소절이 있다-역주) 예수님 자신의 가르침으로 거슬러 올라간다. 산상수훈에서 그분은 각각 반석과 모래 위에 집을 지은 두 사람을 짤막한 비유로 그려 보여 주시고 말씀을 마무리하셨다. 준공하여 입주했을 때 두 집은 아마 똑같아 보였을 것이다. 크기나 모양이나 장식에 별다른 차이가 없었을 것이다. 유일한 차이는 기초에 있었지만 그것은 눈에 띄지 않았다. 적어도 폭풍이 몰아치는 운명의 날까지는. 그날이 오자 노아의 홍수 때처럼 "큰 깊음의 샘들이 터지며 하늘의 창문들이 열려"(창 7:11) 비가 내리고 홍수가 나고 바람이 불었다. 반석 위의 집은 강풍에도 흔들리지 않고 든든히 서 있었지만, 모래 위의 집은 무너져 도저히 복구할 수 없을 정도로 파괴되었다(참고. 마 7:24-27; 눅 6:47-49).

분명 예수님이 원리를 잘 알고 하신 말씀이다. 물론 안전하고 견고한 건축의 과학적 원리에 대해서는 현대의 공학자들이 그분보다 더 잘 알지 모른다. 그러나 최고의 기초가 반석이라는 그분의 주장에는 아무것도 더 보탤 것이 없다. '당신의 집과 삶을 지키는 법'이라는 부제가 붙은 《지진 국가에서 누리는 마음의 평화Peace of Mind in Earthquake Country》라는 책에서 피터 야네브Peter Yanev는 '다양한 지질학적 기초의 상대적 위험'에 한 장을 모두 할애했다. 그는 이렇게 썼다.

1906년 어느 날 새벽 샌프란시스코에 지진이 났을 때, 그 도시의 유명한 언덕들 꼭대기에 살던 일부 사람들은 어마어마한 진동에도 계속 잠들어 있었다. 그 암석 언덕들 위에 위치한 수많은 석조 건물들은 보강 장치가 없었음에도 별다른 피해 없이 지진을 견뎌냈다. 반면에 만灣을 따라 매립지 위에 지어진 주택들과 샌프란시스코 언덕들 사이의 충적토 위에 지어진 주택들에서는, 사람들이 지진 충격으로 침대에서 튕겨 나왔고 진동이 지속되던 60초 동안 일어설 수도 없었다. 토사가 두터운 평지에서는 많은 건물들이 완전히 붕괴되었다.[7]

근본적인 차이는 여기서도 동일하다. 단층 지대만 아니라면 견고한 암석 위에 지은 집은 안전하다. "지진 위험이 가장 큰 지역은 언제나 해안, 만 부근, 계곡의 천연 충적토와 인조 매립지이다." 심지어 "단층 부근이나 진원지라도 견고한 암석 위에 지은 구조물은 진원지에서 거리가 멀더라도 토사에 지은 구조물보다 낫다." 피터 야네브는 건물의 기초를 토사에 두는 것이 위험한 이유를 두 가지로 설명했다. 첫 번째이자 명백한 이유는 불안정성이다. "지진 충격파는 토사를 통해 증폭되며, 강한 충격은 흙의 압착과 지표면의 침강을 유발할 수 있다."[8]

두 번째 이유는 '액화'라는 것이다. 캘리포니아 대학교 버클리에 있는 지진공학연구소의 연구원이자 토목공학과 교수인 내 친구 빌 고든Bill Godden은, 앞에 인용한 야네브 박사의 글을 친절하게 보내주었을 뿐 아니라 '액화'라는 개념을 이해하기 쉽게 편지로 설명해주었다. "정상적인 조건에서는 안정성이 있어 건물의 기초로 꽤 적합해 보이는 토양도 일단 지진에 흔들리면 갑자기 '죽'으로 변해 액체처럼 흐를 수 있다. 이러한 효과를 '액화'라고 하는데, 정말 최악의 낭패를 부를 수 있다. 건물이 송두리째 주저앉거나 넘어질 수 있으며, 광대한 지역에 산사태가 발생할 수 있다." 야네브 박사가 부연한 바에 따르면, 액화는 진동으로 인한 것이며 지하수면의 융기를 유발해 '표사漂砂 효과'를 일으킬 수 있다. 토양이 액화된 단적인 예로 그는 1964년 6월에 일본의 해안 도시 니가타에서 발생한 지진을 꼽았다. "많은 고층 아파트 건물들이 몇 미터씩 침강했고, 거주자들이 벽을 타고 걸어 탈출할 수 있을 만큼 급경사로 기울어졌다."[9]

예수님의 비유를 우화로 돌려 신앙생활의 액화에 해당하는 것을 찾으려는 의도는 아니다. 내가 야네브 박사와 고든 박사의 말을 인용하는 것은, 그리스도께서 기초로 강조하신 견고한 반석의 중요성이 현대의 지진 연구를 통해 확증되고 있음을 지적하기 위해서다.

그렇다면 예수님이 뜻하신 바는 무엇이며, 인생의 두 가지 기초는 무엇인가? 그분의 말씀은 더없이 명확하다. 인생의 집을 반석 위에 짓는 지혜로운 사람은 "나의 이 말을 듣고 행하는" 사람이며, 모래를 기초로 택하는 어리석은 사람은 "나의 이 말을 듣고 행하지 아니하는" 사람이다. 둘 다 예수님의 가르침을 '들었다는' 점에 주목하라. 차이는 지각과 무지가 아니라 순종과 불순종이다. 예수님이 독특하신 분임을, 즉 인간이 되신 하나님의 영원한 아들이심을 보여주는 많은 증거 중 하나는 그분이 겸손하고도 당당하게 이런 엄청난 주장을 펼치셨다는 점이다. 그분은 이생에서 지혜와 어리석음의 차이, 그리고 내세에서 생존과 심판의 차이가 사람들이 자신의 가르침을 듣고 그에 순종하는지 불순종하는지에 달려 있다고 당당히 말씀하신다.

비유에서 예수님은 이것을 철저히 개인에게 적용하신다. 개인은 각각 자신의 삶을 어느 쪽 기초 위에 세울지 결정해야 한다. 그분의 가르침은 교회에도 동일하게 적용된다. 교회에도 견고한 기초가 필요하므로 예수님은 교회에 그 기초를 주시면서 "내가 이 반석 위에 교회를 세우리니"(마 16:18)라고 말씀하셨다. 우리 모두는 천주교에서 이 말씀을 전통적으로 어떻게 해석하고 있는지 알고 있거니와, 교황 요한 바오로 1세와 요한 바오로 2세는 둘 다 자신의 첫 강론에서 그 입장을 지지했다(나는 그것을 주목하지 않을 수 없었다). 1978년 10월 17일, 교회와 세상에 보내는 메시지에서 교황 요한 바오로 2세는

"우리는 언제나 믿음의 기초를 잘 간직해야 하며, 시몬을 '반석'으로 삼아 그 위에 교회를 세우시고 그에게 천국의 열쇠를 주신 그리스도의 특별한 위임에 유념해야 합니다"라고 말했다. 그는 베드로의 '적통 후계자'에게 맡겨진 독특한 '베드로 사역'이 아직도 존재한다고 말을 이었다. 지금 나는 논쟁을 불러일으킬 책을 쓰려는 것이 아니다. 다만 이번 장의 주제가 기초인 만큼 이 문제를 무시할 수 없다. 여기서는 두 가지를 지적하는 것으로 만족하려 한다. 하나는 초기 교부들의 입장이고, 하나는 사도들의 입장이다.

마태복음 18장 16절의 해석을 두고 초기 교회 교부들 사이에 일치된 의견이 없었음을 우리는 잊지 말아야 한다. 미국 세인트루이스의 켄릭Kenrick 대주교는 1870년 제1차 바티칸 공의회에 연설문을 가지고 갔는데, 연설은 무산되었으나 그 내용은 나중에 출간되었다. 거기서 그는 교부들의 해석을 다섯 가지로 요약했다. 반석을 베드로로 본 교부가 17명, 사도들로 본 교부가 8명, 그리스도에 대한 베드로의 신앙 고백으로 본 교부가 44명(오리게네스와 크리소스토무스 포함), 예수 그리스도 자신으로 본 교부가 16명(아우구스티누스와 히에로니무스, 이후의 그레고리우스 대제 교황 포함), 성도 전반으로 본 교부가 소수였다. 그가 내린 결론은 이렇다. "이 문제에서 다수의 교부들의 입장을 따라야 할진대 우리가 확실히 고수해야 할 것이 있다. '반석'이란 신앙을 고백한 베드로가 아니라 베드로가 고백한 신앙으로 이해해야 한다는 것이다."[10]

이는 다시 사도들의 입장으로 거슬러 올라간다. 사도 바울은 교회를 가리켜 "사도들과 선지자들의 터 위에 세우심을 입은 자라. 그리스도 예수께서 친히 모퉁잇돌이 되셨느니라"(엡 2:22)라고 했다. 사도 베드로 자신도 구약성경 세 곳에서 반석과 돌에 대한 말씀을 연달아 인용하면서, 그것을 자기 자신이 아닌 그리스도께 적용하고 있다. 예수 그리스도는 이사야 28장에서 말한 "귀하고 견고한 기촛돌"이고, 시편 118편에서 말한 "머릿돌"이며, 이사야 8장에서 말한 "걸림돌"이다(벧전 2:4-8). 그렇다면 우리는 부끄러움 없이 이렇게 노래해야 한다.

교회의 유일한 기초는
주 예수 그리스도시라.

또 우리는 이 진리를 가르치기를 두려워하지 않아야 한다. 그것이 고린도전서에서 바울이 말한 요지이다. 모든 그리스도인 교사들은 집을 짓는 자로되 다만 각자 현장에 이를 때 건축의 단계가 다를 뿐이라고 그는 말한다. 바울 자신에게는 고린도 교회의 기초를 놓는 특권이 주어졌다. 그러므로 그는 "지혜로운 건축자와 같이 터(기초)를 닦아 두는" 사람이다. 그렇다면 그가 닦아 둔 기초란 무엇인가? 그것은 오직 하나뿐이다. "이 닦아 둔 것 외에 능히 다른 터를 닦아 둘 자가 없으니 이 터는 곧 예수 그리스도라." 바울 이후에 아볼로와 다른 사람들이 와서 그가 닦은 기초 위에 집을 세웠는데, 바울은 그들에게 재료를 신중히 사용해야 한다고 말한다. "나무나 풀이나 짚" 즉 온갖 거짓된 가르침은 타버릴 것이요, 오직 "금이나 은이나 보석" 즉 그리스도의 바른 가르침만이 심판 날에 마지막 불의 연단을 견딜 것이다(참고. 고전 3:10-15).

바울은 "다른 터는 없다"고 했고, 베드로는 "다른 이름은 없다"고 했다(참고. 행 4:12). 우리는 그 이름 위에서 쉬고 그 기초 위에 짓는다. 그럴 때에만 우리는 "지극히 거룩한 믿음 위에 자신을 세울" 소망을 품을 수 있다(유 1:20).

우리의 생명이신
그리스도 안에

In Christ our Life-giver

3

바울은 고린도 교인들에게 "내가 그리스도 안에 있는 한 사람을 아노니 그는 십사 년 전에 셋째 하늘에 이끌려간 자라"(고후 12:2)고 썼다. 독자들은 곧바로 궁금증이 일 것이다. 도대체 '셋째 하늘'이란 무엇이며 어디인가? 거기로 '이끌려간' 자의 여정은 어떤 것인가? 그리고 바울이 안다고 한 가장 특이한 체험을 한 주인공, 이 '그리스도 안에 있는 한 사람'은 누구인가? 주석가들은 사실상 전원 일치로 사도가 자신을 두고 한 말이라 풀이한다. 그렇다, 셋째 하늘에 간 사람은 바울이었다. 실제로 문맥을 보면 그런 해석이 불가피하다. 바울이 자신에 대해 쭉 쓰다가 바로 앞에서 "주의 환상과 계시를 말하리라"(1절)고 했기 때문이다. 여기서 우리에게 중요한 것은 그가 자신을 삼인칭으로 돌려 말한 이유가 아니라 일단 그러기로 마음먹은 후에 그가 자신을 표현한 방식이다. 그는 '그리스도 안에 있는 한 사람'이었다. 이는 단순히 '그리스도인인 한 사람'을 뜻한다. 사실 우리가 오늘 똑같은 내용을 썼다면 십중팔구 "내가 그리스도인인 한 사람을 아노니"라고 썼을 것이다. NEB 역본에는 정확히 그렇게 옮겨져 있다. 이렇듯 신약성경의 표현으로 '그리스도 안에' 있는 사람은 곧 그리스도인이며 그 이상도 이하도 아니다.

이 말에 증거가 더 필요하다면 로마서 16장 1-16절에서 찾을 수 있다. 여기서 바울은 각 개인이나 가정의 이름을 불러가면서 로마의 기독교 공동체에 속한 27명의 지체에게 일일이 안부를 전하고 있다. 그중 많은 이들에 대한 짤막한 설명도 곁들여져 있는데, 바울이 가장 자주 사용한 수식어는 '그리스도 예수 안에서, 그리스도 안에, 주 안에 있는' 등이다. 그것이 말하는 의미는 놓치려야 놓칠 수 없다. 예컨대 그는 "그리스도 예수 안에서 나의 동역자들"(3절)인 브리스길라와 아굴라에게 문안하는데, 이는 그들이 그리스도인으로서 바울의 동지라는 뜻이다. 또 몇 절 뒤에서는 "나보다 먼저 그리스도 안에 있는"(7절) 안드로니고와 유니아에게 문안하는데, 이는 그들이 바울보다 먼저 그리스도인이 되었다는 뜻으로밖에 달리 볼 수 없다.

처음부터 명확히 짚어둘 것이 있다. 우리가 세 번째로 살펴보려는 단어인 '안에'가 예수님과 연관되어 쓰일 때는 공간적인 의미가 아니다. 그리스도 '안에' 있다는 것은, 가족들이 건물 내부에서 함께 저녁 시간을 보내고, 행주를 찬장 안에 두고, 연장을 상자 안에 두듯이 그렇게 그리스도 안쪽에' 있다는 뜻이 아니다. 그리스도 '안에' 있다는 것은 우리가 그분의 내부에 자리하거나 안전하게 그분 안에 갇혀 있다는 뜻이 아니라 아주 친한 인격적인 관계로 그분과 연합되어 있다는 뜻이다. 예수께서 친히 포도나무와 가지의 비유로 이를 의문의 여지 없이 밝혀주셨다. 그분은 제자들에게 "내 안에 거하라. 나도 너희 안에 거하리라. 가지가 포도나무에 붙어 있지 아니하면 스스로 열매를 맺을 수 없음같이 너희도 내 안에 있지 아니하면 그러하리라. 나는 포도나무요 너희는 가지라. 그가 내 안에, 내가 그 안에 거하면 사람이 열매를 많이 맺나니 나를 떠나서는 너희가 아무것도 할 수 없음이라"(요 15:4-5)고 말씀하셨다. 이 비유로 보건대 '그리스도 안에' 있고 거기 거한다는 것은 분명히 그분과 함께 살아 있는 성장의 관계를 누리는 것이다. GNB 역본이 '그리스도 안에'를 '그리스도와 연합하여'로 옮긴 것은 잘 맞는 표현이다.

사도 바울은 그리스도와의 연합을 두 가지 모형으로 설명했다. 첫째는 교회를 살아 있는 유기체 즉 그리스도의 몸으로 보고 각 그리스도인을 그분의 몸의 지체로 본 것이다. 그는 "너희는 그리스도의 몸이요 지체의 각 부분이라"(고전 12:27)고 썼고, 다시 "우리가 한 몸에 많은 지체를 가졌으나 모든 지체가 같은 기능을 가진 것이 아니니 이와 같이 우리 많은 사람이 그리스도 안에서 한 몸이 되어 서로 지체가 되었느니라"(롬 12:4-5)고 말했다. 이렇듯 그리스도와의 관계 덕분에 우리는

'그리스도 안에서' 서로 관계를 맺는다. 바울이 사용한 또 다른 비유는 그보다 한결 더 대담하다. 그는 남편과 아내가 결혼 안에서 '한 몸'이 된다는 창세기의 말씀을 언급하며 "주와 합하는 자는 [그분과] 한 영이니라"(고전 6:17)고 말했다. 이는 그리스도와 그리스도인 사이의 깊고 인격적이고 친밀한 사랑을 일컫는 것이다.

가장 충격적인 이미지를 찾으려면 예수님의 가르침으로 돌아가면 된다. 요한복음 17장에 기록된 긴 기도문을 보면, 그분은 "아버지께서 내 안에, 내가 아버지 안에 있는 것같이 그들도 다 하나가 되어 우리 안에 있게 하사 …"(21절)라고 기도하신다. 이는 두 분이 서로 인격적인 관계인 것처럼 우리도 아버지와 아들과 더불어("우리 안에") 인격적인 관계를 맺게 해 달라는 요청이다. 이 기도에는 엄청난 의미가 내포되어 있다. 예수님은 아버지와 아들을 영원한 삼위일체의 신비 속에 하나로 묶는 사랑의 관계가 우리와 하나님의 관계에도 또한 우리 서로 간의 관계에도 나타나는 모습을 그리셨다(23절).

모형은 다 다르지만 말하려는 진리는 똑같다. 가지가 나무에 연합되어 있고, 사지가 몸에 연합되어 있고, 남편과 아내가 서로 연합되어 있고, 성부와 성자가 삼위일체 안에 연합되어 있듯이, 그리스도인도 예수 그리스도와 연합되어 있다. 이런 관계는 의례적인 인연이나 대강 알고 지내는 사이보다 훨씬 깊고 심지어 친한 친구보다도 깊다. 그것은 삶과 사랑을 함께 나누는 예수 그리스도와의 생생하고 친밀한 유기적 연합이다.

예수 그리스도와 연합한다는 것

'그리스도 안에' 있는 것이 그분과의 인격적인 연합임을 확인했으니, 이제 이 연합의 몇 가지 중요한 측면을 살펴보아야 한다.

첫째, 그리스도와의 연합은 우리 그리스도인의 정체성에 필수 불가결한 것이다. 즉 우리가 연합을 지각하고 체험하는 방식은 서로 다를 수 있으나, 연합 자체가 없이는 아무도 그리스도인이 아니다. 사람들이 지금도 그리스도인의 정의를 놓고 갑론을박하고 있다는 것은 기이한 사실이다. 그리스도인이라는 신분의 파장과 책임을 두고 논하는 것은 이해가 되지만, 그리스도인이라는 정체의 본질에 관해 2천 년이 지난 지금까지도 여전히 논쟁한다는 것은 이만저만 이상한 일이 아니다. 하지만 이것이 현실이며, 여전히 각 교회 전통마다 강조점이 다르다. 천주교와 정교회의 전통은 세례를 받고 유구한 교회에 적을 올리는 것을 강조하고, 개신교는 복음에 믿음으로 반응하는 것을 강조한다. 오순절은 성령의 권능을 중시하며, 자유주의의 전통은 예수님을 본질상 "남을 위한 인간"으로 보고 그리스도인의 구제 사역과 사회 정의의 추구를 참 제자의 특성으로 여긴다. 이 가운데 어느 것이 틀렸다는 말이 아니다. 오히려 세례와 교적, 하나님의 말씀과 믿음, 성령의 은사, 사랑의 선행은 다 진정한 그리스도인의 삶의 본질적인 요소들이다. 다만 그리스도인에 대한 신약성경의 정의는 '그리스도 안에' 있는 사람이라는 것이다. 그러므로 예수님과 사도들에 따르면 그리스도인이란 단지 세례를 받거나 교회에 속하거나 성찬을 받거나 신조의 교리를 믿거나 산상수훈의 가르침대로 살려는 사람이 아니라는 주장이 불가피하다. 세례와 성찬, 교회 등록, 신조와 행실은 다 그리스도인의 삶에 중요한 부분이지만, 그것들만으로는 보석이 사라진 텅 빈 보석함이 될 수 있고 때로 실제로 그렇게 되었다. 물론 보석은 예수 그리스도 자신이시다. 그리스도인이란 일차적으로 예수 그리스도와 연합하여 사는 사람이며, 세례와 신조와 행동은 그 결과로 자연히 뒤따르는 것이다.

애버딘에 있는 킹스 칼리지에서 신학 교수로 지내다가 1678년에 28세라는 젊은 나이로 세상을 떠난 헨리 스쿠걸 Henry Scougal은 《인간의 영혼 안에 계신 하나님의 생명 The Life of God in the Soul of Man》이라는 영향력 있는 소책자를 썼다. 거기서 그는 자기 시대에 참 종교의 의미를 아는 사람이 너무 적다며 탄식했다. 어떤 사람들은 종교의 본질을 "정통 개념과 견해"에 두고 어떤 사람들은 "외면적 직무"(종교적 그리고 도덕적)에 두는가 하면 "모든 종교를 감정에, 즉 뜨거운 기쁨과 황홀한 감각에 두는" 사람들도 있다는 것이다. 그러나 종교의 본질은 지적인 것도 아니고 행동적인 것도 아니고 감정적인 것도 아니라 "사뭇 다른 것"이다. 그렇다면 그 다른 것이란 무엇인가? "참 종교란 영혼이 하나님과 연합하는 것, 영혼에 새겨진 하나님의 형상, 곧 신의 성품에 진정으로 참예하는 것 또는 사도의 표현으로 **우리 안에 이루어지는 그리스도의 형상**이다." 이러한 하나님의 생명의 뿌리는 믿음이고, 그 "굵직한 가지들은 하나님을 향한 사랑, 인간을 향한 자비, 그리고 순결과 겸손이다." 그러나 하나님의 생명이 없다면 그런 외면적 도의만으로는 "꼭두각시를 인간이라 부를 수 없는 것만큼이나" 그리스도인이라 할 수 없다. 그것은 사랑이 없는 억지 결혼처럼 "강요된 인위적 종교"를 만든다. 1734년에 옥스퍼드에서 찰스 웨슬리가 조지 윗필드에게 빌려 주어, 1년쯤 후에 윗필드가 중생하는 데 일조한 것이 바로 이 소책자였다.

둘째, 그리스도와의 연합은 신약 복음의 핵심이다. 숫자들을 합산하고 성구 사전을 컴퓨터에 올리기 좋아하는 신약성경 통계 전문가들에 따르면, 바울 서신에 '그리스도 안에, 주 안에, 그 안에'라는 표현은 모두 164번 등장한다. 그 사람들의 정확성을 의심할 이유도 없거니와 솔직히 나는 이 숫자를 확인해볼 생각도 없고 의욕도 없다. 그 대신 나는 에든버러의 뉴 칼리지에서 신약 원어, 문학, 신학 교수를 지낸 고 제임스 스튜어트James Stewart 박사를 증인으로 삼고자 한다. 1935년에 그는 《그리스도 안에 있는 사람A Man in Christ》이라는 제목으로 '바울 신앙의 핵심 요소'를 발표했다. 그 책에 의하면 스튜어트 박사가 확신한 바는 다음과 같다. "바울이 말하는 신앙의 핵심은 그리스도와의 연합이다. 다른 어떤 개념보다도, 곧 칭의나 성화나 심지어 화목하게 됨보다도 이것이 그의 영혼의 비밀을 여는 열쇠이다."[1] 마찬가지로 "바울의 모든 것은 그리스도와의 연합이라는 하나의 위대한 사실로 수렴된다. … 그리스도인이 경험하는 서로 다른 요소들은 각기 별개의 사건들이 아니라 한 실체의 단면들이고, 평행선이 아니라 … 한 동심원의 반경이며, 그 원의 중심은 곧 그리스도와의 연합이다."[2] 바울이 이를 실제로 두드러지게 강조하기는 했다. 그렇다 해도 우리는 바울의 가르침을 그렇게 요약하다가 그만 예수님과 바울을 이간하려는 해묵은 논쟁으로 돌아가거나 심지어 아예 다른 종교라도 되는 양 '바울주의'를 거론하지 않도록 조심해야 한다. 오히려 바울이 그리스도와의 연합을 강조한 것은 사실 예수님 자신의 생각과 가르침이며, 그중에서도 특히 포도나무와 가지에 대한 비유로 거슬러 올라간다.

셋째, 그리스도와의 연합은 세계의 종교들 가운데 기독교만의 독특한 특성이다. 신봉자들에게 그 종교의 창시자와 인격적으로 연합할 것을 제시하는 종교는 하나도 없다. 불자는 부처를 안다고 주장하지 않고, 유교 신봉자도 공자를 안다고 주장하지 않는다. 무슬림도 무함마드를 안다고 주장하지 않고, 마르크스주의자도 칼 마르크스를 안다고 주장하지 않는다. 그러나 그리스도인은 예수 그리스도를 안다고(바라기는 겸손하면서도 당당하게) 주장한다. 다른 종교 신자들은 자기네 종교 창시자를 옛 스승으로 돌아보며 경애한다. 물론 그리스도인들도 예수님을 스승으로 보고 그분의 가르침에 순종하려 하지만, 우리에게 예수님은 먼 옛날의 스승 이상이다. 그분은 우리의 살아계신 구주와 주님이시며, 우리는 친밀하고 생생한 사랑의 관계 속에서 그분을 안다. 기독교 고유의 이러한 특성을 고 스티븐 닐 주교는 다음과 같이 확언했다. "예수님은 … 스승이셨다. 그러나 기독교란 특정한 개념을 수용하는 것이 아니다. 기독교는 그리스도라는 한 인격체를 인격적으로 신뢰하고 헌신하는 태도다. 우리가 믿기로 그 인격체는 살아계시며 만인에게 가까이 와계신다. 그리스도인과 그분의 관계의 본질은 '예수를 너희가 보지 못하였으나 사랑하는도다, 믿음으로 말미암아 그리스도께서 너희 마음에 계시게 하시옵고, 너희 안에 계신 그리스도시니 곧 영광의 소망이니라'와 같은 문구로 묘사되어 있다. 이런 표현은 신약성경의 페이지마다 계속 등장하면서, 이 친밀하고 인격적인 신뢰와 헌신과 연합의 관계야말로 기독교 신앙의 핵심 자체임을 밝혀준다."[3]

지금까지 그리스도 예수와의 연합이 그리스도인의 정체, 신약의 복음, 기독교의 독특성의 본질임을 살펴보았으니, 이제 그 관계가 가져다주는 놀라운 복으로 넘어갈 준비가 되었다. 바울은 에베소서를 시작하면서 먼저 이렇게 하나님을 찬양한다. "찬송하리로다, 하나님 곧 우리 주 예수 그리스도의 아버지께서 그리스도 안에서 하늘에 속한 모든 신령한 복을 우리에게 주시되"(엡 1:3). 사도는 생각할 수 있는 모든 복을 우리에게 주신 하나님을 송축한다. 그것을 그는 '신령한' 복이라 부르며 '하늘'에 속한 것이라는 수식어를 붙였다. 에베소서에서 그가 즐겨 사용한 '하늘'이라는 표현은 '보이지 않는 영적 실체의 세계'를 의미한다. '신령하다'와 '하늘에 속하다'라는 두 수식어는 그리스도인의 삶을 신비 체험으로 돌리려는 의도가 아니다.

바울의 모든 독자들은 그의 가르침이 얼마나 실제적이고 현실적인지를 잘 안다. 지금 바울은 그리스도인이 된다는 영적인 복을 구약의 이스라엘에게 하나님이 약속하신 물질적인 평안이나 형통과 대비하고 있는 것이다. 그는 또한 이런 복들은 오직 어둠의 세력을 완전히 정복하신 예수 그리스도로 인해서 받을 수 있음을 암시하고 있다. 그렇게 정복하신 결과로 그분은 지금 모든 적들을 발아래 두신 채 '하늘에서' 가장 높은 자로서 다스리고 계시다(참고. 엡 1:19-22; 6:1-12).

그렇다면 이 모든 신령한 복은 어디에 있는가? 그것들은 모두 '그리스도 안에' 있다. 하나님이 모든 신령한 복을 우리에게 주신 것은 '그리스도 안에서'이다. 그러므로 우리 자신이 '그리스도 안에' 있다면, 사실 '그리스도 안에' 있을 때에만, 하나님 아버지에게서 오는 모든 신령한 복이 우리의 것이 된다. 친밀한 인격적 연합을 통해 그리스도를 우리에게 주심으로 하늘 아버지는 우리에게 주실 복을 모두 주셨기 때문이다. 그것이 무엇인지 알기 위해 우리는 계속 에베소서를 보면서 이 서신에 나타난 세 가지 주된 복을 살펴볼 것이다.

새로운 신분의 복

현대 사회에서 '신분'은 중요한 단어이다. 흔히 우리의 자아상은 사회적 신분과 맞물려 있는 듯 보인다. 그래서 우리 모두는 신분을 추구하는 경향이 있다. 우리는 직함과 감투와 큰 집과 빠른 차와 배지와 정복正服을 좋아한다. 또한 영향력 있는 사람들과의 연줄을 좋아하여 대화 중에 은근히 그들의 이름을 '흘리곤' 한다. 그것들이 다 신분의 상징물이기 때문이다. 그것들은 우리의 자아를 부풀려준다.

그러나 성경은 우리에게 다른 신분을 제시한다. 세상의 사회적 신분이 아닌 경건한 영적 신분, 훨씬 더 중요하고 만족스러운 신분, 그 자체로 우리의 자아상을 세우고 참된 자존감을 심어 주기에 충분한 신분이다. 그것은 바로 주 하나님 자신께 사랑받고 수용되고 입양된 하나님의 자녀라는 신분이다.

에베소서 첫머리의 찬송에 이어지는 구절들에서 바울은 바로 이 신분을 말하고 있다. 그는 구구절절 예수 그리스도를 언급하면서, 말하는 복마다 번번이 우리가 그리스도 안에 있으므로 그것이 우리 것이 된다고 지적한다. 즉 그는 그리스도 안에서 모든 신령한 복을 우리에게 주신 하나님이 "곧 창세전에 **그리스도 안에서** 우리를 택하사 우리로 사랑 안에서 그 앞에 거룩하고 흠이 없게 하시려고 그 기쁘신 뜻대로 우리를 예정하사 **예수 그리스도로 말미암아** 자기의 아들들이 되게 하셨으니, 이는 **그가 사랑하시는 자 안에서** 우리에게 거저 주시는 바 그의 은혜의 영광을 찬송하게 하려는 것이라. 우리는 **그리스도 안에서** 그의 은혜의 풍성함을 따라 그의 피로 말미암아 속량 곧 죄 사함을 받았느니라"(엡 1:4-8)라고 말한다. 진한 글씨로 강조한 부분들은 예수 그리스도를 분명히 언급하여 우리 시선을 끌고 있고, 각각 특정한 복과 연계되어 있다. 즉 하나님은 **그리스도 안에서** 우리를 거룩하게 하려고 택하셨고(4절), **예수 그리스도로 말미암아** 우리를 아들딸로 입양하셨다(5절). 또 그분은 **그가 사랑하시는 자 안에서** 우리에게 은혜를 값없이 부어주셨고(6절), **그리스도 안에서** 우리에게 구속과 죄 사함을 주셨다(7절). 각 구절의 동사들은 우리의 새로운 신분이 얼마나 영광스러운 것인지를 보여준다. 즉 '그리스도 안에서' 하나님은 우리를 택하시고 입양하시고 수용하시고 구속하시고 용서하셨다.

하나님께 수용되고 입양되고 용서받은 자녀가 되는 것보다 더 놀라운 '신분'을 상상할 수 있는가? 우리에게 그 이상 무엇이 더 필요한가? 사도 요한은 감격하여 이렇게 말했다. "보라, 아버지께서 어떠한 사랑을 우리에게 베푸사 하나님의 자녀라 일컬음을 받게 하셨는가. 우리가 그러하도다"(요일 3:1). 우리가 그리스도 안에 있을진대 이것이 우리의 고귀한 신분이다. 일단 우리가 예수 그리스도와 연합하면 성부 하나님은 우리를 더 이상 죄 가운데 있는 존재로 보지 않으신다. 그리스도 안에 있는 우리를 보시기 때문이다. 사실 그분은 우리 입양된 자녀들을 마치 자신의 영원한 아들 그리스도를 사랑하시듯 사랑하신다. 신약성경의 저자들은 그리스도 안에 있는 기쁨과 특권을 누누이 되풀이해 말한다. 그리스도 안에서 우리는 하나님께 수용되어 '의롭다 함'을 얻는다(참고. 갈 2:17; 빌 3:9). 그리스도 안에서 우리는 하나님의 자녀요 아브라함의 영적 자손이다(참고. 갈 3:26, 29). 그리스도 안에서는 정죄를 두려워할 이유가 없으니 절대 아무것도 우리를 "우리 주 예수 그리스도 안에 있는" 하나님의 사랑에서 끊을 수 없기 때문이다. 위대한 로마서 8장은 이렇듯 하나님의 정죄가 없다는 선언으로 시작해서 하나님과 끊어질 수 없다는 선언으로 끝난다(참고. 롬 8:1, 39).

새로운 생명의 복

그리스도 안에 있다는 것은 새로운 신분을 받는 것 훨씬 이상이다. 그것은 또한 새 생명을 받는다는 뜻이다. 신약의 가르침을 균형 있게 이해하려면 이 사실을 아는 것이 말할 수 없이 중요하다. 현대 이집트 교회의 한 비근한 사례를 제시하고자 한다. 이는 하나님이 결합하신 칭의와 중생, 새 신분과 새 생명을 절대 분리해서는 안 됨을 잘 보여주는 예이다.

독자들도 알다시피 이집트는 인구의 약 10퍼센트가 그리스도인이며, 그중 대다수는 콥트 정교회에 속해 있다. 그중에 1970년대에 성경공부와 신앙생활에서 놀라운 부흥과 갱신을 경험한 곳이 있었다. 교회의 총대주교이며 교황인 셰누다 3세 Shenouda III가 이끄는 카이로의 성 마가 성당에는 금요일 밤마다 4,000-6,000명에 이르는 회중이 모였다. 특히 젊은이들이 많았는데, 그는 그들에게 성경을 설명하고 질문에 답하면서 고대의 신앙을 현대 세계와 연결하려 했다. 그러나 교회 내에 논란이 발생했는데, 원인 제공자는 아부나 자카리아 보트로스 Abuna Zacharia Botros라는 콥트 신부였다. 자카리아 신부는 1964년에 복음적인 회심이라고 할 수밖에 없는 예수 그리스도와의 인격적인 만남을 체험했다. 그 후에 헬리오폴리스에 있는 그의 교회에는 목요일 밤마다 2,000-3,000명에 이르는 사람들이 복도에까지 꽉 들어찼다. 신부복 차림에 검은 수염을 휘날리며 은색 십자가와 두꺼운 성경책을 든 그는 인상적인 인물로 보였다. 그는 열심히 경청하는 회중에게 성경을 풀이하며, 오직 믿음으로 말미암아 하나님의 은혜로만 얻는 칭의(하나님 앞에 수용됨)의 교리를 강조했다. 그러나 콥트 정교회 상부에서는 신학과 관련하여 그를 여러 차례 내사했다. 그런데도 그의 추종자들 중 일부는 그보다 더 노골적인 행동을 서슴지 않았다. 세누다 교황이 《정통 입장에서 본 구원》이라는 소책자를 발간하자 자카리아 신부의 교인이자 5년차 의대생인 에마드 나지흐Emad Nazih는 《바른 정통 입장에서 본 값없는 칭의와 구원》이라는 도발적인 제목으로 반론 소책자를 썼다. 그는 즉시(1978년 1월) 제명당했고, 5월 중순에는 자카리아 신부 자신도 사역을 정지당하여 설교할 수 없게 되었다.[4]

그렇다면 콥트 정교회에 닥친 이런 신학적 위기의 뿌리는 무엇일까? 바로 칭의 교리였다. 1978년 1월부터 3월 사이에 정교회의 주간 신문인 〈알 키라자Al Kirazab〉에 '칭의'에 관한 연재 기사가 실렸다. 기사를 쓴 사람은 지난 16세기 동안 교회 내에 칭의의 의미에 대해 의견이 일치되어 있었는데 개혁가들이 '위험한 거짓 개념'을 들여왔다고 주장했다. 개혁가들이 가르치는 칭의는 내면의 혁신이나 성품의 의가 전혀 없는 '단지 의롭다는 판결'일 뿐이라는 것이 그의 견해였다. 즉 하나님이 죄인들을 의롭다 하실 때 그들을 실제로 의롭게 만들지는 않은 채 의롭다고 선포만 하신다는 것이었다. 루터가 범한 과오는(그 연재 기사에 따르면) 하나님이 칭의를 통해 죄인에게 의의 옷을 입히실 뿐 속으로는 이전과 똑같은 옛 사람 상태

그대로 두신다고 가르친 것이다. 다시 말해 개신교의 '이신칭의' 교리는 생활이나 성품의 변화 없이 신분의 변화만 일으킨다는 것이었다.

그러나 이런 견해는 개신교의 전통적 교리와 루터를 오해한 것으로, 정작 개혁가들이 분리하기를 거부했던 새 신분과 새 생명, 칭의와 중생, 그리스도의 사역과 성령의 사역을 다른 사람들이 분리한 것이다. 물론 마치 칭의가 윤리적인 결과가 따르지 않는 하나님의 값없는 수용인 양 오해한 일부 개신교도들의 잘못도 있다(루터는 아니다). 바울 시대에도 같은 식으로 그의 가르침을 오해하여, 그가 사람들에게 "은혜를 더하게 하려고 죄에 거하라"고 권했다는 헛소문을 퍼뜨린 사람들이 있었다. 그러나 바울은 격분하여 그런 중상모략을 반박했다. "그럴 수 없느니라. 죄에 대하여 죽은 우리가 어찌 그 가운데 더 살리요." 이어 그는 믿음과 세례를 통해 우리는 그리스도의 죽음과 부활에 연합한 자임을 설명했다. 그러므로 우리는 자신을 "죄에 대하여는 죽은 자요 그리스도 예수 안에서 하나님께 대하여는 살아 있는 자로" 여겨야 한다(참고. 롬 6:1-11).

마지막 절 '그리스도 예수 안에서'라는 말이 또 눈에 띈다. 그리스도인은 **그리스도 예수 안에** 있는 사람이다. 그리스도와 연합되지 않은 채 하나님께 수용되거나 칭의를 얻는다는 것은 불가능한 일이다. 사실 우리는 오직 '그리스도 안에서'만 의롭게 된다(참고. 갈 2:17). 또한 우리는 그리스도 안에서 새 사람이 되어 새 삶을 산다. 바울은 행위가 칭의의 근거가 아니라고 극구 반박하면서도 사랑의 선행은 칭의에 필수적으로 따라 나오는 열매요 증거라고 주장했다. 루터도 마찬가지로 《그리스도인의 자유에 대한 논고*Treatise on Christian Liberty*》에서 "선행이 선인을 만들지 못하나 선인은 행실이 선해진다"고 말했다. 이에 대해 콥트 정교회의 각기 다른 그룹들이 정확히 무엇을 가르쳤는지는 나도 모르지만, 그들 사이에 심각한 신학적 오해가 있었던 것만은 분명하다.

우리가 배울 수 있는 값진 교훈은, 하나님이 우리에게 주시는 '새 신분'과 '새 생명'을 언제나 함께 간직해야 한다는 것이다. 달리 말해 우리는 '그리스도를 통해'와 '그리스도 안에'라는 두 부사구, 그분의 중보와 그분과의 연합을 함께 두는 것이 중요함을 강조해야 한다. 칭의는 법률 용어로 정죄의 반대이며, 하나님이 죄인을 자신 앞에 의롭다고 선포하시는 행위를 나타낸다. 그러나 이는 칭의를 얻은 죄인을 변화 없이 그대로 두는 법적인 허구는 아니다. 하나님은 죄인이 '그리스도 안에' 있을 때에만 의롭다 하시며, 그리스도와의 연합은 성품과 행실에 일대 변화를 일으키기 때문이다.

다시 에베소서로 돌아가자. "그 안에서 너희도 진리의 말씀 곧 너희의 구원의 복음을 듣고 그 안에서 또한 믿어 약속의 성령으로 인 치심을 받았으니"(엡 1:13; 참고. 갈 3:14). 그러므로 그리스도 안에 있다면 우리는 바울이 앞 절에서 말한 하나님의 자녀라는 새로운 신분을 받았을 뿐만 아니라 또한 성령을 받았다. 내주하시는 성령은 하나님이 자신의 백성을 자신의 것으로 도장을 찍어 구별하시는 표이다. 따라서 우리가 '그리스도 안에' 있다면 분명히 하나님은 그 아들을 통해 우리를 구속하실 뿐만 아니라 성령을 통해 우리를 새로 태어나게 하신다. 그분은 우리를 자녀 삼으실 뿐만 아니라 우리 안에 그 아들의 영을 들여놓으시며, 그때부터 성령은 우리를 그리스도의 형상으로 변화시켜가신다. "그런즉 누구든지 그리스도 안에 있으면 새로운 피조물이라. 이전 것은 지나갔으니 보라, 새 것이 되었도다"(고후 5:17). 새 신분, 새 생명, 새 피조물, 이 복들을 우리는 따로 떼어서는 안 된다. 그것들은 서로 맞물려 있으며, 그리스도 안에 있는 사람이면 누구나 받는 것이다.

간단한 예가 도움이 될 것이다. 굶어죽을 듯이 가난에 찌들고 병든 거지가 누더기 차림으로 우리를 찾아온다면, 그에게 목욕물을 받아주고 갈아입을 옷을 주는 것도 좋겠지만 그것만으로는 부족할 것이다. 그가 영양실조에다 병까지 걸려 있기 때문이다. 따라서 그에게는 음식과 병원 치료가 추가로 필요하다. 마찬가지로 우리는 영적으로 굶어죽을 듯이 가난에 찌들고 병들어 죄의 누더기 차림으로 그리스도께 나아온다. 그리스도 안에서 우리는 환대받고 수용되어 목욕도 하고 옷도 갈아입는다. 하나님은 그리스도 안에서 우리를 의롭게 보시며, 그것이 우리의 새로운 신분이다. 하지만 그것은 시작에 불과하다. 명의名醫이신 하나님은 우리가 병든 것을 아시며, 그래서 우리 안에 성령을 두어 우리에게 새 생명과 건강을 주시고, 우리가 원기를 되찾아 튼튼해지도록 말씀으로 우리를 먹이신다. 그분은 임시변통으로 대충 때우시는 법이 없다.

새로운 공동체의 복

지금까지 우리는 '그리스도 안에' 있는다는 것을 그리스도인 개개인과 그분의 연합으로 보았다. 그것은 개인에게 새 신분과 새 생명의 놀라운 복을 가져다준다. 우리는 그에 대해 주뼛거릴 이유가 전혀 없다. 예수님과 사도들이 그 복들을 개인에게 적용했기 때문이다. 예수님은 "그가 내 안에, 내가 그 안에 거하면 사람이 열매를 많이 맺나니"(요 15:5)라고 하셨고, 바울은 "누구든지 그리스도 안에 있으면 새로운 피조물이라"(고후 5:17)고 덧붙였다. 그리스도와의 연합은 개인적인 복이 따르는 개인적인 체험이다.

그러나 동일하게 거기에는 공동체적인 차원도 있다. 다시 바울의 설명을 들어보자. "아담 안에서 모든 사람이 죽은 것같이 그리스도 안에서 모든 사람이 삶을 얻으리라"(고전 15:22). 이 유명한 말씀에서 사도는 서로 다른 두 공동체를 대비하고 있다. 한편에는 시조 아담과의 연합을 통해 그의 죽음에 동참하는 타락한 인류가 있고, 다른 한편에는 시조 그리스도와의 연합을 통해 그의 생명에 동참하는 구속받은 인류가 있다. 우리 모두는 타락한 옛 인류에 속해 있다. 우리 모두는 태어나면서부터 '아담 안에' 있기 때문이다. 구속받은 새 인류에 속하려면 우리는 '그리스도 안에' 있어야 하며 그러려면 중생이 필요하다. 일단 믿음과 중생으로 그리스도와 연합하면 우리는 **그 자체로** 새 인류 즉 하나님이 지으시는 새 공동체의 일원이 된다.

바울은 흔히 인간들을 서로 갈라놓는 장벽들, 특히 유대인과 이방인 사이의 '막힌 담'과 '원수 된 것'이 이 새로운 공동체 안에서 허물어졌다고 선포한다. 예수 그리스도가 죽으심으로 그것을 폐하셨기 때문이다. 따라서 유대인과 이방인은 함께 하나님의 가족이요 그리스도의 몸의 지체이다(참고. 엡 2:13-3:6). 장벽의 철폐는 거기서 끝나지 않는다. 바울은 이전의 한 편지에서 "너희는 유대인이나 헬라인이나 종이나 자유인이나 남자나 여자나 다 그리스도 예수 안에서 하나이니라"(갈 3:28)고 썼다.

우리에게 있는 인종적·사회적·성적 구분이 문자적으로 없어졌다는 뜻이 아니다. 우리의 피부색은 결코 달라지지 않으며, 사회문화적인 풍습이나 말의 억양도 꼭 달라지는 것은 아니다. 나아가 남자는 그대로 남자, 여자는 그대로 여자이다. 그러나 이제 그리스도 안에서 우리는 인종이나 계층이나 성별과 무관하게 하나님 앞에 절대 평등하다. 우리는 십자가 앞에서 낮아짐을 경험한다. 자기 자신을, 또한 서로를 똑같이 죄인과 범죄자로 볼 때 우리는 같은 수준으로 낮아져 똑같이 그분의 은혜에 의존하게 된다. 그래서 우리는 구별이나 차별 없이 서로를 반긴다. 그리스도 안에서 그분과 연합한 결과로 모두 한 가족, 한 형제자매가 되었기 때문이다.

세계의 일부 지역들에서 교회라는 새 공동체는 현실이기보다는 오히려 희망사항에 가까운데, 이는 민감한 그리스도인들이 결코 용납해서는 안 되는 부끄러운 현실이다. 한 백성인 그리스도인들 사이에 버젓이 남아 있는 모든 분리의 장벽, 인종적인 것이든 사회적인 것이든 교단적인 것이든 모든 장벽은 우리 하나님 아버지의 가슴을 아프게 하고, 그리스도의 죽음과 부활의 취지에 역행하고, 연합의 성령께 상처를 입히고, 교회의 신뢰도를 떨어뜨리고, 교회가 세상 속에서 감당해야 할 사명에 큰 장애를 초래한다. 따라서 그리스도 안에 있는 우리는 새 공동체를 현실로 보여주어야 할 막중한 책임을 안고 있다.

그리스도와의 연합은 성장이다
—

우리가 그리스도 안에 있어 인격적, 유기적으로 그분과 연합되어 있다면 하나님은 우리에게 엄청난 복, 즉 새 신분(우리는 그분과 바른 관계에 놓인다), 새 생명(우리는 성령으로 새로워진다), 새 공동체(우리는 하나님의 가족이다)를 주신다.

하지만 그렇게 되려면 어떻게 해야 하는가? 회개와 믿음으로 예수 그리스도께 나아가 그분께 자신을 드려야 한다. 하나님은 바로 그렇게 우리를 그리스도와 연합시키신다. 그리고 그분과의 그 연합은 세례를 통해 극적으로 공표된다. 바울의 말처럼 세례란 "그리스도와 합하기 위하여" 받는 것이기 때문이다(갈 3:27).

나아가 그리스도와의 연합은 살아 있는 성장의 체험이다. 그래서 바울은 "그리스도 안에서 어린아이들"과 "그리스도 안에서 완전한 자(어른)" 둘 다에 대해 말할 수 있었다[고전 3:1; 골 1:28("그리스도 안에서 장성한 자", RSV)]. 그러므로 이제 우리에게 남아 있는 질문은 이것이다. 우리는 어떻게 그리스도와의 관계에서 자라갈 것인가? 이 질문은 우리를 다시 예수님의 말씀으로 데려간다. "내 안에 거하라. 나도 너희 안에 거하리라. … 그가 내 안에, 내가 그 안에 거하면 사람이 열매를 많이 맺나니"(요 15:4-5). 이제 우리는 예수께서 말씀하신 포도나무와 가지의 비유가 그분과 그 백성들 사이의 상호 관계를 나타낸 것임을 확인했다.

그리스도가 우리 안에 '거하시려면' 우리가 그분께 그것을 허용해드려야 한다. 여기서 우리의 책임은 능동적이기보다 수동적이다. 우리는 우리 삶을 주관하시는 그분께 날마다 새롭게 순종해야 한다. 순간순간 그분께 온전히 마음을 열고 살아가려 힘써야 한다. 그래야 봄날 나무에 진액이 차오르듯 그분의 생명과 능력이 우리 안에 흘러든다.

반면 우리가 그리스도 안에 '거하려면' 우리 쪽에서 능동적으로 취해야 할 몇 가지 조치가 있다. 1880년부터 1900년까지 리버풀Liverpool의 주교를 지낸 J. C. 라일은 그것을 이렇게 표현했다. "내 안에 거하라. 내게 붙어 있으라. 내게 꼭 달라붙어 있으라. 나와 가깝고 친밀하게 연합된 삶을 살라. 내게 점점 더 가까이 오라. 모든 짐을 내게 내려놓으라. 네 모든 무게를 내게 실으라. 단 한 순간이라도 나를 붙든 손을 놓지 말라." [5]

그리스도 안에 '머물라' 혹은 '거하라'는 명령은 지칠 줄 모르고 집요하게 그분을 좇는 추구를 뜻한다. 그것은 자신과 씨름하시는 주님께 "당신이 내게 축복하지 아니하면 가게 하지 아니하겠나이다"(창 32:26)라고 소리친 야곱의 정신이다. 특히 우리는 '은혜의 통로들'을 활용하는 데 부지런해야 한다. 즉 날마다 시간을 내서 기도와 성경 읽기를 통해 그리스도를 구하고, 주일마다 예배를 드리고, 꾸준히 성찬에 참여해야 한다. 바로 이렇게 우리는 능동적으로 그리스도를 구하며 그분 안에 거하는 법을 배워간다. 정해진 말씀과 기도의 시간에 더욱 훈련되어 있을수록 나머지 시간에도 '그리스도 안에서' 그분과 연합하여 그분의 임재를 누리고 그분의 생명과 능력에 의존하여 살기가 더욱 쉬워진다.

우리의 주님이신
그리스도 아래
Under Christ our Lord
4

―

다른 사람의 '아래에' 든다는 개념을 달갑게 여기는 사람은 아무도 없다. 자신들이 '저 아래에'(down under, 흔히 호주나 뉴질랜드를 가리키는 말-역주) 산다고 재미 있게 표현하는 호주나 뉴질랜드 사람들은 혹 예외일지 모르겠다. 라틴어에서 유래한 '복종submission', '예속subordination', '종속subjection', '굴종subservience', 그리고 (최악의 경우) '피정복subjugation' 따위는 모두 어느 정도 타인이나 기관의 지배를 나타내는 말이며, 우리는 그에 분개한다. 그에 상응하는 영어 단어들도 마찬가지이다. underling은 말단 부하이고 underdog은 불의와 착취의 피해자이다. 그러니 그리스도 '아래' 있고 싶을 사람이 누가 있겠는가? 그런 위치는 우리 인간의 존엄성을 해치는 것이 아닌가?

오늘날 그리스도인들이 이 질문에 천착하는 것은 특히 중요하다. 우리 주변의 다른 사람들이 그리하고 있기 때문이다. 사람들은 권위를 물려받은 사람을 무조건 수상쩍게 보고, 권위를 주장하는 사람에게는 일단 따지면서 대개 항거한다. 남편과 부모, 교사와 고용주, 정치인과 성직자 등 이전에는 당연시되던 권위의 역할들이 갈수록 도전받고 있다. 그런가 하면 가정, 학교, 대학, 교회, 정부 등 오랜 기관들에 으레 전제되던 권위도 거부당하고 있다. 교회 안에서도 개신교인들은 성경의 권위에, 천주교인들은 교황의 권위에 반발하고 있다. 이렇게 사람들이 기성 권위에 저항하는 주된 원인은 권위를 인간의 자유나 심지어 인간성 자체와 양립할 수 없는 것으로 보는 데 있다. 인간이 어떻게 권위에 복종하고도 진정한 인간으로 남을 수 있는가? 질문은 이것인데, 내가 만일 이 질문에 '권위' 대신 '폭정'이라는 단어를 썼다면 답은 명백하다. 폭정은 자유를 배제하며 따라서 진정한 인간성에 근본적으로 위배된다. 그러나 권위는 폭정과 같지 않다. 그리스도인들은 여기에 덧붙일 말이 있다. 즉 폭정은 자유를 파괴하지만 바른 권위는 오히려 자유를 보장한다는 것이다. 그리스도를 통한 '자유 *eleuthēria*'를 강조하는 신약성경이 동시에 그와 전혀 모순되지 않는 개념으로 '권위 *exousia*'와 '복종 *hupotagē*'을 공히 강조하는 것은 그 때문이다.

  그리스도인들이 예수 그리스도의 권위에 복종하는 것을 두고 많은 사람들이 품는 두려움과 의혹은 물론 사실무근이다. 그분의 주권에는 압제의 요소가 조금도 없고, 그 주권에 복종하는 데는 굴욕의 요소가 조금도 없다. 그것은 그분이 지닌 권위의 타당성 때문이며 동시에 질 때문이다. 타당성은 그분이 이 땅의 사역을 마치고 최후에 높이 들리신 사실에 근거한다. 자기를 낮추고 십자가에서 죽기까지 복종하신 그분이기에 "하나님이 그를 지극히 높여 모든 이름 위에 뛰어난 이름을 주사 하늘에 있는 자들과 땅에 있는 자들과 땅 아래에 있는 자들로 모든 무릎을 예수의 이름에 꿇게 하시고 모든 입으로 예수 그리스도를 주라 시인하여 하나님 아버지께 영광을 돌리게" 하셨다(빌 2:9-11). 여기서 그분께 주어진 이름은 물론 '예수'가 아니라(그것은 출생 전에 주어진 이름이다) '주'라는 호칭 또는 더 넓게 말해 다른 모든 것들 위에 뛰어난 지위와 명예이다. 하나님이 예수님을 가장 높이셨다는 이 객관적인 진리를 일단 인정하면 우리가 그분 앞에 무릎 꿇는 것은 그분께나 우리에게나 지당한 일이다.

마찬가지로 바울은 에베소서에서 하나님의 "능력의 지극히 크심"에 대해 말한다. "그의 능력이 그리스도 안에서 역사하사 죽은 자들 가운데서 다시 살리시고 하늘에서 자기의 오른편에 앉히사 모든 통치와 권세와 능력과 주권과 이 세상뿐 아니라 오는 세상에 일컫는 모든 이름 위에 뛰어나게 하시고 또 만물을 그의 발아래에 복종하게 하시고 그를 만물 위에 교회의 머리로 삼으셨느니라. 교회는 그의 몸이니 만물 안에서 만물을 충만하게 하시는 이의 충만함이니라"(엡 1:19-23). 여기서도 예수님의 부활과 승천이라는 역사적 사건을 그분이 지극히 높아지셔서 우주 위에 왕으로 좌정하신 관점에서 보고 있다. 그리고 '위에'와 '아래'라는 말을 써서 그것을 표현했다. 그분은 다른 모든 권세 '위에' 높아지셨고 그리하여 만물이 그분의 발 '아래' 놓였다. 이는 하나님이 실제로 행하신 일이며 엄연한 기정사실이다. 교회는 이 사실에 저항할 때가 아니라 그것을 즐거이 인정할 때 자신의 정체를 발견한다. 곧 그리스도는 머리요 교회는 그분의 몸, 그분의 충만함이다.

그리스도의 권위가 갖는 타당성이 틀림없는 것처럼 그 질도 마찬가지이다. 그분은 주인으로 우리 '위에' 계시고 우리는 종으로 그분 '아래' 있다. 그러나 이렇게 그리스도께 복종하는 관계는 우리의 개성을 말살하기는커녕 오히려 활짝 피어나게 한다. 아이들이 안전하고 행복한 가정에서, 그 사랑의 훈육 안에서 가장 자연스럽게 자라 장성하는 것처럼 그리스도인들도 그분의 사랑의 권위 아래 그리스도 안에서 자라 장성한다. 그리스도를 섬겨 자신을 잃을 때 우리는 비로소 진정한 자신을 찾는다. 우리의 삶을 향한 그분의 주권은 우리에게 좌절이 아니라 만족과 자유를 뜻한다. 이번 장에서 우리는 그리스도인이 품는 바로 그러한 확신을 살펴보려 한다.

그 출발점으로 주 예수님 자신의 말씀보다 더 좋은 것은 없다.

나는 마음이 온유하고 겸손하니 나의 멍에를 메고 내게 배우라.

그리하면 너희 마음이 쉼을 얻으리니 이는 내 멍에는 쉽고 내 짐은 가벼움이라 하시니라(마 11:29-30).

'멍에'란 소의 목에 수평으로 매우는 나무틀이다. 지금도 일부 개발도상국의 시골에 가면 멍에를 볼 수 있다. 나는 라틴아메리카의 시골에서 멍에를 메고 수레를 끌던 소와 아시아의 논에서 멍에를 메고 쟁기를 끌던 물소를 보았는데 신기했다. 고대 팔레스타인 사람들에게 그것은 아주 익숙한 광경이었다. 그래서 성경의 저자들은 권위, 특히 압제적인 권위의 상징으로 자연히 멍에를 활용했다. 이스라엘이 바벨론 제국에 항복하는 것은 "그 목으로 바벨론의 왕의 멍에를 메는" 것이었다(렘 27:1-15; 참고. 나 1:13). 또한 종으로 살아가는 것도 멍에였고, 그래서 "멍에의 줄을 끌러주는"(딤전 6:1) 것은 곧 "압제당하는 자를 자유하게" 한다는 뜻이었다(사 58:6). 그러나 멍에로 상징되는 권위가 언제나 폭정은 아니었다. 다른 멍에가 다른 권위를 보여준다. '쇠' 멍에는 무자비한 억압을 뜻하는 반면(참고. 렘 28:13-14; 딤전 6:1; 사 58:6) 예수님은 자신의 멍에가 '쉽다'고 하셨다.

예수님이 그리신 그림은 분명하다. 그분은 자신을 농부에, 우리를 그분을 섬기는 소에 견주신다. 그분은 우리 위에 자신의 멍에를 두신다. 아니, 우리 스스로 그분의 멍에를 메도록, 다시 말해 그분의 권위에 자발적으로 복종하도록 그분이 우리를 부르신다는 표현이 더 정확하다. 그리고 그분은 우리가 그렇게 하도록 격려하고자 자신이 온유하다는 것을 일깨워주시고 자신의 멍에가 쉽고 짐이 가볍다고 안심시켜주신다. 그렇다면 이제 우리는 '그리스도 아래' 즉 그분의 쉬운 멍에 아래 있다는 것이 어떤 것인지 살펴보아야 한다. 여기에는 특히 두 가지 영역이 포함된다.

우리 생각을 그리스도의 멍에 아래

첫째, 예수님은 제자들이 각자의 생각을 그분의 것에 아래 두기를 원하신다. 적어도 이것이 유대인 청중들이 즉각 알아들었을 내용이다. 랍비들이 늘 '토라의 멍에', '율법의 멍에'를 말했기 때문이다. 게다가 그것은 지기 어려운 무거운 멍에였다. 그렇다고 하나님의 도덕법 자체가 압제적이라는 말이 아니다. 오히려 율법 자체는 "거룩하고 계명도 거룩하고 의로우며 선하고"(롬 7:12), "그의 계명들은 무거운 것이 아니다"(요일 5:3). 그러나 자력으로 지키려 하거나 순종으로 구원을 얻어내기 위해 지키려는 사람들에게 혹은 둘 다인 사람들에게 율법은 짐이 되었다. 게다가 '서기관들과 바리새인들'(복음서에 빈번히 등장하는)은 하나님의 율법을 복잡하게 해석하여 무거운 짐으로 변질시켰다. 그러다 보니 하나님이 우리의 발에 등이요 우리의 길에 빛이 되라고 주신 것(참고. 시 119:105)이 도저히 지킬 수 없는 소소한 규칙들과 계율들로 변해버렸다. 그래서 예수님은 압제적인 "장로들의 전통"(쇠 멍에가 있었다면 바로 그것이다)이 있던 자리에 자신이 가르치는 쉬운 멍에를 내놓으셨다.

주목하여 보면 우리 주님은 은유를 바꾸어 설명하신다. 즉 그분은 **나의 멍에를 메고 내게 배우**라고 말씀하셨다. 소를 거느린 농부가 제자들을 거느린 스승으로 바뀐다. 예수 그리스도가 학교를 세우신 것이다. 그 학교는 그분이 친히 교사이시고 그분을 따르는 사람은 누구나 학생으로 초청받는 진정한 '개방대학'이다. 이 초청은 더 유명한 다른 초청에 바로 뒤이어 나오는데, 다른 초청이란 "수고하고 무거운 짐 진" 모든 사람들, 즉 자신의 죄와 죄책에 눌려 있는 사람들을 향한 것이다. 그분은 자신에게 와서 쉬라고 그들을 부르신다. 그분은 그들의 죄를 사하고 죄책을 제하며, 그리하여 그들의 멍에를 쉽게 하고 짐을 가볍게 하실 것이다. 그러나 이제 예수님은 다른 역할을 취하신다. 그분은 짐을 벗기는 구주이실 뿐 아니라 짐을 지우는 스승이시기도 하다. 그 둘의 차이는, 우리의 짐은 무겁고 우리의 멍에는 불편한 반면 그분의 멍에는 쉽고 그분의 짐은 가볍다는 것이다.

예수님의 초기 제자들에게 이 점은 아주 분명했다. 그들은 그분의 '제자', 그분의 '종', 심지어 그분의 '노예'라 불리는 것을 기뻐했다. 그리고 겸손하고 기쁘게 그분의 가르침의 권위에 복종했다. 즉 그들이 이해한 진리는 예수님의 가르침을 통해 형성되었다는 뜻이다. 어머니 품에서부터 유대교의 전통을 흡수했고 당대 유대교 랍비들 아래서 자라난 그들이 새로운 스승의 가르침 아래서 많은 것들에 대한 생각을 바꾸어야 했다. 물론 그것은 점진적인 과정으로, 주님이 지상을 떠나실 즈음까지도 아직 시작 단계에 불과했다. 그 후에 그분은 성령의 사역을 통해 그들을 계속 훈련하셨다. 이렇게 두 단계로 이루어진 교육을 그분은 친히 이렇게 설명하셨다. "내가 아직 너희와 함께 있어서 이 말을 너희에게 하였거니와 … 내가 아직도 너희에게 이를 것이 많으나 지금은 너희가 감당하지 못하리라. 그러나 진리의 성령이 오시면 그가 너희를 모든 진리 가운데로 인도하시리니 … 그가 내 영광을 나타내리니"(요 14:25; 16:12-14). 하나님과 인간, 역사와 영원, 죄와 구원, 창조와 구속, 믿음, 사랑, 의와 소망, 성경과 성령, 삶과 죽음과 최후의 영광에 대한 그들의 이해는 이렇게 한 걸음씩 차근차근 자라갔다. 이를 비롯한 여러 교리와 관련해 그들은 당대의 유대교나 세상적인 견해 또는 예수 그리스도의 지혜 중에서 어느 것을 따를 것인지 선택해야 했다. 양쪽이 서로 상충했기 때문이다. 그러나 사도들은 자신들의 생각과 듣는 사람들의 생각을 그리스도의 권위 아래 두기로 작정했다. 바울은 후에 이렇게 썼다. "모든 이론을 무너뜨리며 하나님 아는 것을 대적하여 높아진 것을 다 무너뜨리고 모든 생각을 사로잡아 그리스도에게 복종하게 하니"(고후 10:5). 정말 멋진 비전이다. 거대한 군대의 병사들처럼 종종 반항적이고 때로 불온한 우리 마음의 무수한 생각을 사로잡아 그분께 복종시킨다. 그렇게 그분께 순종하여 참 자유를 얻는다. 우리의 생각을 그리스도의 멍에 아래 둔다는 것은 우리의 이성을 부인하는 것이 아니라 그분의 계시에 복종시키는 것이다.

그러나 우리의 생각을 그리스도의 생각에 복종시킨다는 이 개념은 오늘날 교회에서 다분히 무시되고 있다. 우리 중에는 베다니의 마리아를 닮은 사람들이 너무 적다. 마리아는 시간을 내어 예수님의 발아래에 앉아 말씀을 들었건만 우리는 그러지 않는다. 아니, 우리의 삶은 너무 바쁘다. 마르다처럼 우리도 활동주의자이며, 우리는 묵상을 낯설어한다. 우리는 침묵보다 소음, 고요한 묵상보다 분주한 활동이 더 성미에 맞는다. 하지만 그럴수록 우리는 J. G. 위티어Whittier와 함께 이렇게 기도해야 한다.

> 우리의 모든 몸부림이 잦아들기까지
> 주의 고요한 정적의 이슬을 내리소서.
> 우리 영의 염려와 근심을 제하시고
> 안온한 삶으로 고백하게 하소서.
>   주의 아름다운 평안을,
>   주의 아름다운 평안을.
> 우리의 뜨거운 욕심 속으로

주의 서늘한 유향이 불어오게 하소서.

감각이 둔해지고 육신이 물러나게 하소서.

지진과 바람과 불을 통해 말씀하소서.

    오 작고 세미한 음성이여,

    오 작고 세미한 음성이여![1]

그러나 때로는 '우리의 뜨거운 욕심'이 그분의 서늘함을 짓누르고, 우리 삶의 천둥소리가 그분의 작고 세미한 음성을 삼켜버린다. 그뿐 아니라 우리는 내 생각을 그리스도께 복종시킬 의향이 없을 때도 많다. 굳이 그래야 할 이유가 무엇인가? 우리는 자신의 견해를 더 좋아하며, 그것이 예수님의 가르침과 상충해도 개의치 않는다. 그분께 고개를 숙일 까닭이 무엇인가?

1978년 8월의 어느 일요일, 나는 램버스Lambeth 성공회 주교회의 기간을 맞아 올 소울즈 교회에서 그리스도의 멍에에 대해 설교하고 있었다. 참관인으로 참석한 한 주교가 그 전날 나에게(나는 자문역으로 회의에 참석하는 특권을 누리고 있었다) "주교들이 하나님의 말씀에 복종할 자세가 없는 모습에 경악할 노릇입니다"라고 말했다. 물론 그것은 일반화된 표현이었고, 일반화된 표현들이 언제나 그렇듯 정확하지 않았다. 많은 주교들이 하나님의 뜻을 분별하고 행하려 열심을 다하고 있었기 때문이다. 그럼에도 그에게 비친 인상은 그랬고 그의 말은 꽤 일리가 있었다. 진지한 신학적 토론이 부재하다는 사실이 선명히 부각되었다. 흄 추기경은 성공회에 모두가 동의하는 권위가 없다고 논평했다. 기조 설교에서 주교들에게 하나님의 음성을 듣자고 호소한 코건 대주교에게 논평자들이 비우호적인 반응을 보였을 때는 나 자신도 놀랐다. "우리는 더 이상 하나님의 음성을 듣지 않고 있습니다"라고 한 말을 일부 사람들은 근거 없는 질책으로 간주했다. 사실 그것은 오늘날 교회의 전반적인 실상이 아닌가? 계속해서 그는 자신이 생각하는 이상적인 주교를 "성령의 바람에 마음이 열려 있고, 성령의 불로 마음이 따뜻하며, 성령이 불시에 행하시는 일을 늘 살피는 사람"으로 묘사했다. 성령의 불과 바람과 홀연한 역사는 그리스도나 성경을 떠나서는 구할 수 없다는 말을 덧붙여도 좋을 것이다. 하나님의 영과 하나님의 말씀(성육신하신 말씀이든 기록된 말씀이든)을 따로 떼려는 시도는 언제나 어리석고 위험한 과오였기 때문이다.

오늘날 교회에는 세속주의의 시류에 굴복하지 않고 더욱 그리스도인답게 사고하는 사람들, 즉 자신의 생각을 그리스도의 멍에 아래 둔 그리스도인들이 절실히 필요하다.《그리스도인은 어떻게 사고해야 하는가 The Christian Mind》라는 책으로 '기독 지성'이라는 표현을 대중화한 사람은 해리 블래마이어스 Harry Blamires이다. 그 책에 그는 이렇게 썼다. "기독 지성은 기독교 역사상 유례가 없는 수준의 나약함과 무기력으로 세속의 시류에 굴복했다. 20세기 교회는 도저히 말로 표현이 안 될 정도로 지적인 사기를 완전히 상실했다. … 기독 지성은 더 이상 없다. 물론 기독교 윤리와 기독교 실천과 기독교 영성은 아직 있다. … 그러나 **사고하는** 존재로서 현대의 그리스도인들은 세속화에 굴복했다."[2] 그는 기독 지성을 "세상에서 벌어지는 논쟁의 데이터를 기독교의 전제들로 구성된 준거 틀 안에서 처리할 수 있도록 훈련되고 무장되고 지식을 갖춘 지성"[3]으로 정의했다. 계속해서 그는 "기독 지성의 표지"를 다음과 같이 여섯 가지로 꼽았다. 그것은 (1)초자연 지향(세상이 하나님의 것이고 잠시 지나가는 것임을 인정함), (2)악의 인식(가장 고귀한 것들마저 '굶주린 허영'의 도구로 변질시키는 원죄), (3)진리의 개념(타협할 수 없는 하나님의 계시를 기정사실로 받아들임), (4)권위의 수용(우리에게 "대등한 관계가 아니라 굽힘과 복종"을 요구하는 하나님의 계시)[4], (5)인격에 대한 관심(기계 문명에 예속되는 것을 물리치고 인간의 인격성을 옹호함), (6)성례전적 시각(예컨대 성적인 사랑은 현실에 인간의 마음을 열기 위한 '하나님의 가장 효율적인 도구 중 하나'임을 인식함) 등이다.

요컨대 기독 지성은 범사를 그리스도인답게 생각하는 지성이다. 그것은 우리의 지성이 하나님께서 계시해주신 전제들에 속속들이 흠뻑 적시어 있기 때문에 가능하며, 그 계시는 성경에 기록되어 있고 그리스도를 통해 완성되었다. 그럴 때에만 그리스도인들은 바울과 함께 "우리가 그리스도의 마음(생각)을 가졌느니라"(고전 2:16)고 당당히 고백할 수 있다. 그리스도인의 생각이 곧 그리스도의 생각인 까닭은 자신을 그리스도의 멍에 아래 두었기 때문이다.

우리 의지를 그리스도의 멍에 아래

그리스도의 멍에에는 지적인 차원뿐 아니라 도덕적인 차원도 있다. 그분의 권위는 우리의 생각을 넘어 우리의 행위에까지 미치기 때문이다. 예수님은 제자들이 자신의 가르침을 믿을 뿐 아니라 자신의 명령대로 순종하기를 원하신다. 그것은 틀림없는 사실이며, 우리는 2장에서 우리 건축의 기초이신 예수 그리스도를 생각할 때 그 점을 살펴보았다. 산상수훈을 마무리하는 짤막한 비유를 보면, 그리스도의 말씀을 듣고 순종하는 사람들은 인생의 집을 반석 위에 짓는 지혜로운 이들이다. 그러나 듣고도 순종하지 않는 사람들은 자신의 삶을 모래 위에 짓는 어리석은 이들이다. 예수님은 순종을 원하실 뿐 아니라 순종을 지혜의 기준과 안전의 보증으로 삼으셨다. 그분은 또 순종을 사랑의 시험대로 삼아 "너희가 나를 사랑하면 나의 계명을 지키리라"(요 14:15)고 선포하셨다. 밤이 가면 아침이 오듯이 사랑에는 순종이 뒤따르기 마련이다. 그러므로 "나의 계명을 지키는 자라야 나를 사랑하는 자이다"(요 14:21).

그러나 '순종'이라는 말 역시 현대인들의 귀에 거슬리고 입에 쓴맛을 남긴다. 그리스도인의 삶은 자유의 삶인데, 순종과 자유는 서로 배타적이므로 순종은 그리스도인의 삶의 특징일 수 없다고 주장하는 사람들도 있다. 그들은 그리스도인의 자유가 순종에서 나옴을 배우지 못한 사람들이다. 그런가 하면 '율법 아래 있지 않다'는 바울의 표어를 가져다 잘못 적용하는 사람들도 있다. 그들은 그리스도인들에게 율법의 세계는 폐기되었으며, 바울의 말은 그리스도인들이 사랑을 제외한 모든 절대 기준에서 자유로워졌다는 뜻이라그 결론을 비약한다. 그들은 들어보지 못한 모양이지만, 바울은 우리가 율법의 의를 이루게 하려고 그리스도께서 우리 대신 죽으셨다는 것과 하나님이 우리 안에 법을 기록하려고 성령을 주셨다는 것도 말했다(예. 롬 8:3-4; 고후 3:3, 6). 구약성경의 선지서에는 하나님의 두 가지 약속, 즉 자신의 백성 안에 성령을 주신다는 약속과 그들 안에 법을 두신다는 약속(참고. 겔 36:27; 렘 31:33) 사이에 사실상 전혀 구별이 없다. 그리스도인들은 하나님께 수용되는 면에서 '율법 아래 있지 않고' 은혜 아래 있으며, 거룩함을 이루는 면에서 '율법 아래 있지 않고' 성령의 능력 아래 있다(참고. 롬 6:14; 갈 5:18). 그렇지만 도덕적 기준과 하나님을 기쁘시게 하는 면에서는 우리도 바울과 함께 "내가 … 도리어 그리스도의 율법 아래 있는 자"(고전 9:21)라고 고백해야 한다. 사실 도덕적 순종이라는 요건이 포함되지 않는다면 그리스도의 주권은 별 의미가 없다.

   그렇다면 그리스도인의 순종은 그리스도인의 자유와 양립

할 수 있는가? 사람들은 그것을 묻는다. 몇 년 전에 런던 우리 교회의 지체인 신앙심 있는 한 그리스도인 여성이 불신자 남성과 약혼을 하겠다고 발표했다. 아무래도 말하는 것이 도리일 것 같아 나는 신약성경이 가르치는 높은 기준, 즉 결혼이란 육적인 연합일 뿐만 아니라 또한 영적인 연합이므로 그리스도인들은 "주 안에서"만 결혼하고 불신자와 "멍에를 함께 메지" 말아야 한다는 기준을 아는지 그녀에게 물었다(참고. 고후 6:14-16). 그녀가 안다고 하기에 나는 그런데 어떻게 그것을 무시할 수 있는지 물었다. 그녀는 "내게 선택의 자유가 있어야 하니까요. 내가 할 일을 예수님이 일러주시고 문제가 벌써 다 결정되어 있다면 나는 자유가 없는 거잖아요. 내게는 자유가 필요해요"라고 대답했다. 나는 그리스도인의 참 자유란 그리스도께 불순종하는 것이 아니라 순종하는 자유라고 답할 수밖에 없었다.

순종은 제자도에서 무시되고 있는 부분인데, 우리 그리스도인들은 순종을 회복하는 것이 중요하다. 요즘 우리 모두는 예컨대 사업상의 윤리, 성생활, 이혼과 재혼, 생사가 걸린 낙태나 안락사 문제 등 여러 영역에서 도덕적 결정을 내려야 할 일이 많다. 나는 지금 예수 그리스도가 복잡한 의문에 쉬운 답을, 난해한 문제에 간편한 해결책을 주신다고 주장하는 것이 아니다. 우리가 그런 것을 구해서도 안 된다. 그분은 우리가 기독 지성을 개발하고 사용하여 자라 장성하기를 원하신다. 성경의 가르침에는 도덕적인 절대 기준과 그 밖의 도덕 원리들이 나온다. 우리는 그것을 굳게 붙들어야 한다. 예컨대 의와 겸손과 사랑을 추구하는 기독교의 길은 산상수훈과 사도들이 쓴 서신서의 윤리 부분에 명확히 진술되어 있고, 복음서 저자들이 예수님 자신을 그린 네 편의 그림에 아름답게 묘사되어 있다. 우리는 도덕적인 어둠 속을 더듬어야 하는 신세가 아니다.

여러 가지 도덕적 결정을 내릴 때 우리에게 지침이 되는 것은 무엇인가? 그것이 관건이다. 예컨대, 젊은 연인은 결혼 전에 동거할 것인가? 원하지 않는 임신을 한 여성은 낙태할 것인가? 부부는 이혼할 것인가? 사업상의 이런저런 교묘한 관행을 방치해도 되는가? 내가 다른 사람들에게 질투나 악의를 품는 것은 중요한 문제인가? 나는 원수들을 어떻게 대해야 하는가? 남편과 아내, 부모와 자녀, 사용자와 노동자는 서로 어떻게 지내야 하는가? 그리스도인이 시민 의식을 품고 사회 정의를 추구하는 데에는 무엇이 개입되는가? 지역교회는 어떻게 업무를 수행하고 프로그램을 짤 것인가? 기아에 허덕이는 사람들이 많은 세상에서 그리스도인다운 생활양식은 무엇인가? 그리스도인이 야망을 품어도 되는가? 나는 돈을 어떻게 쓸 것인가? 전도는 하나님의 모든 백성에게 부여된 기독교의 의무인가? 선교의 의미는 무엇이며 기독교적인 긍휼을 베풀 때 나타나는 결과는 무엇인가? 질문은 얼마든지 더 많을 수 있다. 각 의문이나 딜레마 앞에서 우리는 어디서 지침을 찾을 것인가? 교회에서든 세속 사회에서든 우리를 좌우하는 것은 정말 인습인가? 우리는 결국 군중을 따라가는 세상적인 그리스도인인가, 아니면 성경공부와 기도와 동료 그리스도인들과의 토론을 통해 그리스도의 생각을 깨치고 우리의 생각과 뜻을 그분의 가르침과 명령에 복종시키고자 진지하게 노력하는 그리스도인인가?

앞에서 본 것처럼 모든 그리스도인은 예수 그리스도의 학교에 들어온 학생이다. 우리는 주님의 발아래 앉으며, 내 생각과 뜻과 신념과 기준을 그분의 멍에 아래 두기를 원한다. 다락방에서 그분은 사도들에게 "너희가 나를 선생이라 또는 주라 하니 너희 말이 옳도다. 내가 그러하다"(요 13:13)고 말씀하셨다. 즉 '선생'과 '주'는 그저 예의상의 호칭이 아니라 실체를 대변한다. 예수 그리스도는 우리를 가르치는 선생이요 우리에게 명령하시는 주이시며, 모든 그리스도인은 예수 그리스도의 지시와 훈련 아래 있다. 그리스도인이 행여 그분께 이의를 달거나 불순종하는 것은 있을 수 없는 일이다. 우리가 그럴 때마다 자칭 회심한 그리스도인이라는 주장은 그만큼 신임을 잃는다. 지적·도덕적으로 회심하지 않은 한 우리는 참으로 회심한 것이 아니며, 우리의 생각과 뜻을 예수 그리스도의 멍에 아래 두지 않는 한 지적·도덕적으로 회심한 것이 아니기 때문이다.

이렇듯 그리스도인은 완전히 주인의 처분에 맡겨져 주께서 하라는 대로 하고 주께서 가라는 데로 가는 사람이다. 내가 전쟁 통에 케임브리지 대학교 학부에 재학 중일 때, 우리 대학 도서관 사서 중에 대륙에서 온 난민이 하나 있었다. 그는 아첨에 가까울 만큼 지극히 공손했으나 아직 영어에 능통하지 못했다. 학생 중 하나가 도서관에 들어가자 그가 책상에서 일어나 우리를 맞으러 나와 고개를 푹 숙이며 말했다. "나를 마음대로 처리해주십시오." 무엇이든 돕겠다는 뜻으로 한 말이었지만 그 말을 들었을 때 나는 마치 오물을 처리하듯 그를 쓰레기통에 던지는 모습이 상상되었다.

교회와 자유

지금까지 그리스도의 멍에에 대한 내 설명이 너무 개인 중심이었을지 모른다. 그렇다고 여태 말한 내용을 다시 주워 담아야 한다는 뜻은 아니다. 도마가 예수님 앞에 엎드려 "나의 주님이시요 나의 하나님이시니이다"(요 20:28)라고 고백할 수 있었고, 바울이 "내 주 그리스도 예수를 아는 지식이 가장 고상하다"(빌 3:8)고 쓸 수 있었다면, 우리도 비슷한 표현을 쓰는 것에 대해 또는 그리스도인 각자의 삶에서 예수님의 주권이 중요함을 강조하는 것에 대해 부끄러워할 이유가 전혀 없다. 그럼에도 사도들은 또한 교회 전체에 대한 그분의 주권을 말하고 있다. "그는 몸인 교회의 머리"이며 옛 피조물과 새 피조물의 주인이다. 그분이 "친히 만물의 으뜸이 되는" 것이 아버지의 뜻이기 때문이다(골 1:18). 이렇게 온 우주에 미치는 예수님의 주권은 지금은 우리가 믿음으로 받아들이지만 어느 날 명백히 우리 눈앞에 나타날 실체이다. 시간이 다시 영원으로 흡수되는 날 "하늘에 있는 것이나 땅에 있는 것이 다(즉 그때는 둘 다 구속이 완성되었을 교회 전체와 피조세계 전체가) 그리스도 안에서(한 머리 아래) 통일되게" 하는 것이 종말에 대한 하나님의 계획이기 때문이다(엡 1:10).

이러한 종말론적 시각에 비추어보면 현대 교회의 위기가 분명히 드러난다. 교회가 결국 머리 되신 그리스도 아래 연합될 것이라면 그때까지의 연합에도 다른 방법은 없다. 계속되는 교회의 분열은 결국 이 한 가지, 즉 교회가 "머리를 붙들지"(골 2:19) 못하는 것 때문이 아닌가? 물론 이것을 말도 안 되는 지나친 단순논리로 일축할 사람들도 많을 것이다. 하지만 나는 이런 생각이 그렇게 쉽게 버려지지 않는다. 교회의 연합을 막는 끈질긴 장애물은 성경에 없는 전통들을 애지중지하는 것(천주교의 특징) 아니면 성경에 있는 교리들을 버리는 것(개신교 자유주의의 특징), 둘 중 하나이다. 나는 계속 이 단순한 질문으로 돌아온다. 예수 그리스도가 교회의 주인이며 따라서 교회는 그분의 가르침이 아무리 입맛에 맞지 않아도 그에 복종하는가? 아니면 교회가 예수 그리스도의 주인이며 따라서 교회는 그분의 가르침을 입맛에 맞게 조작하는가? 교회는 겸손히 예수 그리스도께 듣고 순종할 것인가, 아니면 종종 그래 보이듯 버릇없는 사춘기 아이처럼 굴며 주인에게 대들고 그분의 '잘못'을 고쳐줄 것인가? 교회는 그리스도 '아래' 있는가, '위에' 있는가?

마지막으로 짚고 넘어갈 것이 하나 있다. 자유와 만족은 그리스도의 멍에 아래 있다. 이에 대한 그분 자신의 주장을 다시 한 번 들어보라. "나는 마음이 온유하고 겸손하니 … 그리하면 너희 마음이 쉼을 얻으리니 이는 내 멍에는 쉽고 내 짐은 가벼움이라"(마 11:29-30). 어째서 그런 것일까? 내 신념이나 행동에 조금이라도 통제가 가해지면 그것은 자유가 아니라고 생각하는 사람들이 많이 있다. 그래서 그들은 이렇게 묻는다. 예수 그리스도가 우리에게 믿을 바를 일러 주신다면 우리의 사고가 어떻게 자유로울 수 있으며, 그분이 우리에게 행동방식을 지시하신다면 우리의 의지가 어떻게 자유로울 수 있는가? 그들은 그리스도의 멍에와 자신의 자유를 서로 양립할 수 없는 것으로 본다.

우선 사고부터 살펴보자. 생각이란 오직 하나의 권위 아래 있을 때에만 자유로우니 그것은 바로 진리의 권위이다. 생각이 거짓을 믿는다면 자유롭지 않고, 오히려 망상과 오류의 굴레 아래 놓이게 된다. 사고란 진리를 믿을 때에만 자유롭다. 문제의 진리가 과학의 진리이든 성경 진리이든 마찬가지이다.

비슷하게 의지(뜻)도 오직 하나의 권위 아래 있을 때에만 자유로우니 그것은 바로 의의 권위이다. 의지가 그리스도께 불순종하면 자유롭지 않고, 오히려 아집과 정욕의 굴레 아래 놓이게 된다. 의지는 예수 그리스도의 의로운 기준에 순종할 때에만 자유롭다.

누군가 왜 그러하냐고 묻는다면 우리는 그것이 실재의 순리라고 답할 수밖에 없다. 하나님 자신이 진리와 선이시며 또한 그분이 우리를 자신의 형상대로 지으셨기에 우리는 오직 그분과의 관계 안에서만 자아를, 참 자아를 발견할 수 있다. 그분은 우리를 이성적인 존재로 지으셨다. 그분의 진리를 탐색하고 믿어 자유를 얻을 수 있는 지성을 갖추어주신 것이다. 그분은 또 우리를 도덕적인 존재로 지으셨다. 우리의 마음에 자신의 법을 기록해주신 것이다(참고. 롬 2:15). 그러므로 그분의 도덕법은 이질적인 기준이 아니라 우리 인간에게 꼭 맞는 법이다. 하나님이 인간의 양심과 성경에 '기록하신' 도덕법은 그분 자신의 속성인 영원한 의와 근본적으로 일치한다. 창조주와 피조물인 인간, 그분의 진리와 지음받은 우리의 이성, 그분의 의와 우리의 도덕의식이 그렇게 조화를 이루기 때문에, 우리의 사고는 그분의 진리를 믿어 자유를 얻고 우리의 의지는 그분의 법에 순종하여 자유를 얻는다. 그러므로 그리스도의 멍에는 '쉽다.' 우리에게 꼭 들어맞기 때문이다.

그분은 "너희 마음이 쉼을 얻으리니"라고 말씀하셨다. 참된 안식은 그리스도의 멍에를 벗는 데 있지 않고 달게 지는 데 있다. '그리스도 아래서' 우리는 가장 자유롭다.

우리의 비밀이신
그리스도와 함께

With Christ our Secret

5

'그리스도와 함께.' 이 말은 즉시 장례식과 묘지를 떠올리게 한다. "그리스도와 함께 있는 것이 훨씬 더 좋은 일이라"(빌 1:23)는 말씀이 비문으로 가장 많이 쓰이며, 때로 그것을 '그리스도와 함께'로 줄여서 쓰기 때문이다. 실제로 1662년에 나온 장례 예배 지침서의 기도문은 이렇게 되어 있다. "전능하신 하나님이여, 이제 주 안에서 떠나는 자들의 심령은 **주와 함께** 거하며, 성도의 영혼은 **주와 함께** 기쁨과 복 속에 있나이다." 또한 셰필드의 제임스 몽고메리James Montgomery가 지은 예스럽지만 널리 알려진 찬송도 있다. 1835년에 처음 발표된 이 찬송은 데살로니가전서 4장 17절의 한 소절을 바탕으로 한 것이다.

"항상 **주와 함께** 있으리!"
아멘, 그대로 이루어지이다.
이 말씀 속에 생명 있으니

죽음 후 불멸의 생명이라.
예서는 나 그분 없이
몸에 갇혀 방황하나
밤마다 치는 내 장막
날로 본향에 가깝도다.

내 마지막 숨소리에
휘장이 둘로 찢길 때
죽음으로 죽음에서 벗어나
나 영원한 생명 얻으리.
나를 아시듯 주를 알리.
오 보좌 앞에 늘 되뇔
내 사랑하는 이 말씀,
"항상 **주와 함께** 있으리!"

그로부터 거의 2세기 전에 유명한 청교도 독사인 리처드 백스터Richard Baxter도 죽음에 대해 비슷한 시를 썼다. 다만 이 시는 빌립보서 1장 22-23절에 기록된 바울의 다른 고백을 소재로 삼았다.

주님, 제가 죽는지 사는지는
제가 걱정할 바 아니옵니다.

주를 사랑하고 섬기는 본분만
은혜로 저에게 허락하소서.

제가 지날 죽음의 어두운 방
주님도 친히 지나셨습니다.
하나님 나라에 나아오는 자는
이 문으로 들어야만 합니다.

제가 그 생을 잘 모르고
제 믿음의 눈이 침침하여도
주께서 다 아시니 족하오며
주와 함께 있으리니 족합니다.

'그리스도와 함께'라는 말이 우리의 마음에 일으키는 즉각적인 반응이 천국에 대한 생각을 불러일으킨다면 그것은 신약성경으로 충분히 정당화될 수 있다. 우리 주 예수께서 친히 이렇게 기도하셨다. "아버지여, 내게 주신 자도 나 있는 곳에 **나와 함께** 있어 … 나의 영광을 그들로 보게 하시기를 원하옵나이다" (요17:24). 또 그 전에 다락방에서 사도들에게 "너희는 마음에 근심하지 말라. … 내 아버지 집에 거할 곳이 많도다. … 내가 너희를 위하여 거처를 예비하러 가노니 … 내가 다시 와서 너희를 내게로 영접하여 나 있는 곳에 너희도 〔**나와 함께**, NIV〕 있게 하리라"(요 14:1-3)고 약속하셨다. 그리고 십자가에서 죽으실 때 그분은 옆에서 죽어가던 회개한 강도에게 말씀하셨다. "내가 진실로 네게 이르노니 오늘 네가 **나와 함께** 낙원에 있으리라"(눅 23:43).

이런 기도와 약속들이 사도들의 서신 특히 바울 서신에 계속 되풀이되는 것으로 보아 초대교회의 기억 속에 굳게 박힌 것이 분명하다. 초기 서신의 하나로 주님의 재림에 대한 기대가 가득한 데살로니가전서에서 바울은 독자들에게, 죽은 그리스도인들이 먼저 살아나고 그 후에 살아남은 그리스도인들이 "그들과 함께 구름 속으로 끌어 올려 공중에서 주를 영접하게" 되며 이 영광스런 이중의 재회 후에 "우리가 항상 **주와 함께** 있으리라"고 말했다(살전 4:15-18; 참고. 고후 4:14). 마찬가지로 그 다음 장에서도 그는 "우리 주 예수 그리스도로 말미암아 … 우리를 위하여 죽으사 우리로 하여금 깨어 있든지 자든지(즉 그분이 오실 때 우리가 살아있든지 혹은 이미 죽었든지) **자기와 함께** 살게 하려 하셨느니라"(살전 5:9-10)고 선포했다.

이렇듯 신약에 주어진 비전에 따르면 천국의 복은 우리가 '그리스도와 함께' 있게 된다는 이 한 가지 기대에 집중된다. '그리스도와 함께'라는 말은 현재 우리가 이해하고 경험하는 차원을 훌쩍 뛰어넘는 그분과의 친밀한 인격적 교류를 가리킨다. 사실 그때 누릴 그분의 직접적인 임재에 비하면 지금 그분의 백성들 가운데 함께하시는 그분의 임재는 차라리 부재에 가깝다. 적어도 바울은 감히 그렇게 말했는데, 그는 육신이 연약할 때에도 담대할 수 있는 근거를 이렇게 설명했다. "몸으로 있을 때에는 주와 따로 있는 줄을 아노니 이는 우리가 믿음으로 행하고 보는 것으로 행하지 아니함이로라. 우리가 담대하여 원하는 바는 차라리 몸을 떠나 주와 함께 있는 그것이라"(고후 5:6-8). 이것은 이생과 내생의 차이를 특징지어 말하는 출중한 방식이다. 사는 것이 곧 그리스도이며(빌 1:21) 우리도 그분을 아는 "지식이 가장 고상하다"(빌 3:8)고 고백하는 사람들이므로, 지금 이생의 육신적인 실존 속에서는 마치 자신이 "주를 떠나 있는"(흠정역) 것처럼 느껴질 수 있다. 여기서 바울이 사용한 동사는 고국을 떠난다, 장거리 여정에 오른다, 해외여행을 간다는 뜻이다. 이렇듯 이생에서 우리는 외국인이며, 오직 내생에서만 참으로 '집에' 거한다. 그때에만 "주와 함께" 있을 것이기 때문이다.

모든 그리스도인은 이런 말씀을 이해하며 바울의 고백에 진심으로 동의한다. 비록 그리스도가 우리 눈에 보이지 않아도 하나님의 세상을 그분과 함께 사는 것은 정말 놀라운 일이다. 그러나 우리는 그보다 훨씬 더 놀라운 것을 간절히 고대한다. 우리가 믿음으로만 알던 예수 그리스도를 어느 날 실물로 대면하게 될 것이다. 그날 우리는 우리가 사랑하는 그분, 비록 지금은 보지 못해도 우리가 믿고 "말할 수 없는 영광스러운 즐거움으로 기뻐하는"(벧전 1:8) 그분을 볼 것이다. 그날 우리는 또한 죄와 감각의 장벽에 구애받지 않고 친밀한 관계로 "그분과 함께" 있을 것이다. 안개가 걷히고 회의와 어둠의 시간이 끝날 것이며, 우리는 그분의 임재로 만족할 것이다. 그 임재 안에는 "충만한 기쁨이 있고 … 영원한 즐거움"이 있다(시 16:11).

지금 여기서 그리스도와 함께

그러나 아직은 아니다! 우리는 하나님의 시계에 손댈 수 없으며 잠자코 그분의 때를 기다려야 한다. 그때까지 우리는 이 땅에서 우리의 본분에 더욱 충실히 힘써야 한다. 거라사의 광인이 그 본분을 간과했기에 예수님의 입에서 그토록 엄중한 말씀이 나온 것이 아닌가? 전에 미쳐서 벌거숭이로 다니다가 이제 "옷을 입고 정신이 온전하여진" 이 남자는 **예수님과 함께** 있기를 간구하였다. 그의 청은 충분히 이해가 된다. 그는 온전해졌고 예수님은 그를 새 사람으로 바꾸어주셨다. 자연히 그는 자신을 구해주신 분과 막힘없고 방해 없는 교제를 누리고 싶었다. 그는 한때 자신이 떠돌아다니던 무덤이나 산으로 돌아갈 생각이 추호도 없었다. 자기가 태어나고 자란 인근 마을로 갈 생각도 없었다. 아니, 그는 예수님과 함께 있고 싶었다. 그런 그를 누가 탓할 수 있으랴. 그러나 예수님은 거부하며 그에게 이렇게 말씀하셨다. "집으로 돌아가 주께서 네게 어떻게 큰일을 행하사 너를 불쌍히 여기신 것을 네 가족에게 알리라"(참고. 막 5:1-20). 그에게는 회피해서는 안 될 증언과 섬김의 책임이 있었던 것이다.

세상을 외면한다는 의미에서 그 남자는 간절히 '예수님과 함께' 있고 싶어 하는 그분의 수많은 다른 제자들, 즉 경건주의와 회피주의 그리스도인들의 선조라 할 수 있다. 그들은 구원의 단계들을 단축하여 곧장 천국으로 직행하기를 원한다. 한편으로 이해가 되지만 질책을 받을 일이다. 영원히 평화로운 천국에서 '그리스도와 함께' 거하기 전에 우리는 험하고 혼탁한 지상에서 본분을 다하며 지금 '그리스도와 함께' 사는 법을 배워야 한다. 보는 것으로가 아니라 믿음으로 사는 법을 배워야 하는 것이다.

고린도 교회에는 그리스도 안에서 살아가는 삶이 근본적으로 새로운 것이라서 혼인 서약이니 인종적 유산이니 사회적 지위 같은 회심하기 전의 연고 따위는 모두 버려도 된다고 생각한 성급한 사람들이 있었던 모양이다. 물론 그리스도는 사람들 사이의 교제를 막는 모든 장벽을 허무셨다. "너희는 유대인이나 헬라인이나 종이나 자유인이나 남자나 여자나 다 그리스도 예수 안에서 하나이니라"(갈 3:28). 그러나 장벽이 철폐되었다고 해서 인간과 인간을 서로 구분하는 현실까지 그리된 것은 아니다. 물론 바울은 종들이 자유를 얻을 수 있다면 얼마든지 그래야 한다고 말했다. 그러나 그러지 못할 경우 그가 준 지침은 무엇이었던가? "각각 부르심을 받은 그대로

하나님과 함께 거하라"(고전 7:24)는 것이었다. 회심하고 그리스도인이 된다고 해서 반드시 우리의 사회적 현실과 상황이 바뀌는 것은 아니지만 '하나님과 함께'라는 말이 모든 상황을 완전히 바꾸어 놓는다. 상황을 대하는 우리의 태도가 바뀌기 때문이다. 비국교도라는 이유로 투옥되었던 17세기 스코틀랜드의 신학자 새뮤얼 러더포드Samuel Rutherford는 유명한 옥중서신《편지Letters》에 이렇게 썼다. "어젯밤 예수 그리스도께서 내 감방에 들어오셨다. 그러자 모든 돌들이 투비처럼 빛났다." 모두에게 '여사령관'으로 통했던 구세군의 창시자 윌리엄 부스William Booth 장군의 딸도 스위스 누샤텔 감옥에 있을 때 이런 시를 썼다.

내 영혼의 사랑이신 주님
주와 함께 나 이곳에 있네.
주께서 나와 함께 계시니
감옥도 천국으로 변하도다.

악인들은 나를 핍박하며
고독으로 내몰 수 있으나
내 기쁨 예수를 모르네.
그들은 정녕 그분을 모르네.
그분 음성에 내 어둠 걷혀

천국의 햇살이 비쳐드니
철장도 그분을 막지 못하고
그 사랑의 얼굴 덮지 못하네.

또 1936년에 페테르 야코블레비치 빈스Peter Yakovlevich Vins는 러시아 감옥에서 가족들에게 편지를 보내, 주 예수께서 자신에게 힘을 주셔서 충성된 증인이 되도록 기도해달라고 부탁했다. 그는 "그분 없이 자유의 몸이 되는 것보다 감옥에서 그분과 함께 있는 것이 낫다"[1]고 덧붙였다.

이 세 가지 이야기는 우리가 그분을 위해 어디를 가든 늘 우리와 함께하시겠다고 하신 부활하신 주님의 약속이 그대로 성취된 예이다. "내가 세상 끝날까지 너희와 항상 함께 있으리라"(마 28:20).

요컨대 '그리스도와 함께' 있는 것은 천국에 있는 것이다. 그러나 우리는 이 땅에 아직 피할 수 없는 책임이 남아 있기 때문에 아무 때나 불쑥 천국으로 갈 재량은 없다. 다만 '그리스도와 함께' 그런 책임을 수행하면서 그 과정에서 지상 천국을 조금씩 맛볼 수는 있다.

선다 싱은 인도의 시크교 집안에 태어나 열다섯 살 때 환상을 통해 예수 그리스도께 회심했고, 그 사실을 즉시 가족들에게 알렸다. 그 일에 대해 후에 그는 이렇게 썼다. "가족 중 일부는 내가 미쳤다고 했고 일부는 내가 꿈을 꾸었다고 했다.

그러나 나를 돌이킬 수 없다는 것을 알고는 나를 박해하기 시작했다. 하지만 그리스도와 함께 있지 않을 때 내가 겪었던 비참한 불안에 비하면 박해는 아무것도 아니었다. 바야흐로 환난과 박해가 시작되었지만 그것을 견디는 것이 내게는 어렵지 않았다."[2] 얼마 후 선다 싱은 집을 떠나 순회 전도자가 되었다. 1929년에 그는 《그리스도와 함께, 그리스도 없이 *With and Without Christ*》라는 흥미로운 제목의 책을 펴냈는데, 취지는 "그리스도와 함께 살아가는 삶과 그리스도 없이 살아가는 삶의 차이를 보여주려는" 것이었다. 1장의 제목은 '그리스도 없는 불신자들'이고, 2장에 나오는 '그리스도 있는 불신자들'은 세례는 받지 않았지만 "비밀리에 그리스도를 구주로 믿는"[3] 사람들을 가리킨다. 3장 '그리스도 없는 그리스도인들'에 선다 싱은 이렇게 썼다. "그리스도를 전혀 체험하지 않고도 그리스도인으로 자처하는 사람들이 많음을 나는 안다. 나는 그들을 '그리스도 없는 그리스도인들'이라 부른다. … 그들은 속 빈 강정이요 영혼 없는 몸과 같다."[4] 4장 제목은 '그리스도 있는 그리스도인들'이고, 그 다음 마지막 두 장에는 그가 회심한 경위와 그리스도인으로서 경험한 일들이 기술되어 있다. 전도자 선다 싱은 이런 말로 책을 맺는다. "그리스도가 없을 때 나는 물 밖의 물고기나 물속의 새 같았다. 그리스도와 함께 이제 나는 사랑의 바다에 있고, 세상에 살면서도 천국에 있다(엡 2:5-6). 이 모든 것을 인해 그분께 영원히 찬송과 영광과 감사를 돌린다."

그리스도와의 연합

이제 나는 '그리스도와 함께'라는 말의 의미를 신약성경에 나오는 최고의 주해에서 살펴보고자 한다. 보다시피 짧은 몇 구절 안에 '그리스도와 함께', '그와 함께'라는 표현이 네 번이나 등장한다.

> 너희가 세상의 초등학문에서 **그리스도와 함께** 죽었거든 어찌하여 세상에 사는 것과 같이 규례에 순종하느냐. … 그러므로 너희가 **그리스도와 함께** 다시 살리심을 받았으면 위의 것을 찾으라. 거기는 그리스도께서 하나님 우편에 앉아 계시느니라. 위의 것을 생각하고 땅의 것을 생각하지 말라. 이는 너희가 죽었고 너희 생명이 **그리스도와 함께** 하나님 안에 감추어졌음이라. 우리 생명이신 그리스도께서 나타나실 그때에 너희도 **그와 함께** 영광 중에 나타나리라(골 2:20; 3:1-4).

이 본문은 바울이 이해하는 '그리스도와 함께'라는 개념이 "좁은 인생길에 주가 동행하시며 말씀하신다"는 유명한 찬송가처럼 그분과의 우정을 누리는 것 훨씬 이상임을 보여준다. 물론 우정도 맞기는 맞다. 하나님이 우리를 불러 "그의 아들 예수 그리스도 우리 주와 더불어 교제하게 하시기" 때문이다(고전 1:9). 우리는 예수 그리스도를 친구로 안다고 말하는 것을 부끄러워할 이유가 전혀 없다. 그분이 바로 그 단어를 사용하여 사도들에게 "너희를 친구라 하였다"(요 15:15)고 하시지 않았던가. 그럼에도 '그리스도와 함께' 있다는 것은 그분과 교제를 누리는 것 이상이다. 오히려 그것은 그분이 이루신 전체 구원 사역의 네 가지 주요 사건, 즉 죽음, 부활, 승천, 재림에 동참하는 것이다. 우리는 처음 세 가지는 이미 경험해왔고, 마지막 하나는 언젠가 '그분과 함께' 경험할 것이다.

첫째, "우리는 그리스도와 함께 죽었다." 처음 듣는 사람들에게 이 말은 약간 이상하게 들릴 것이다(사실 그렇다). 바울은 "내가 그리스도와 함께 십자가에 못 박혔나니"(갈 2:20)라고 했고 또 "내가 또한 세상을 대하여 [십자가에 못 박혔느니라]"라고 했다(갈 6:14). 이는 바울이 자신에 대하여 한 말이지만, 그는 믿고 세례를 받은 모든 그리스도인들에 대해서도 똑같이 말한다. "무릇 그리스도 예수와 합하여 세례를 받은 우리는 그의 죽으심과 합하여 세례를 받은 줄을 알지 못하느냐"(롬 6:3). 그러므로 그리스도는 혼자 죽으신 것이 아니다. 반대로 믿음(내적)과 세례(외적)를 통해 그분과 연합한 모든 사람들은 그분의 죽음에 동참했고 그분과 함께 죽었다.

이것은 무슨 말인가? 무엇의 종말을 '죽음'에 빗대는 것보다 더 극적인 표현은 없다. 그래서 우리는 소원과 희망과 꿈이 죽었다고 말하고 우정이나 결혼이 죽었다고 말한다. 죽음은 최후이고 죽음은 끝이다. 그래서 바울은 예수님을 믿기 전의 옛 생활이 끝났음을 강조하면서 우리가 그에 대해 '죽었다'고 말한다. 이전에 우리는 죄, 자아, 두려움, 죄책, 보이지 않는 악의 세력에 예속된 생활을 했다. 그때 우리는 하나님과 소원한 사이였으므로 악의 세력이 우리를 노예로 삼았다. 그 시절에 우리는 간혹 이렇게 탄식하지 않았던가? "내 죄와 그에 대한 하나님의 심판에서, 나를 지배하는 악의 세력에서 해방될 수만 있다면!" 나는 그런 탄식을 했다. 그러다 나는 죄에서 벗어나는 유일한 길은 정당한 값을 치르는 것뿐인데, 십자가에서 우리의 죄를 위해 죽으신 예수 그리스를 통해 하나님이 친히 값을 치러주셨음을 알게 되었다. 아울러 나는 우리가 믿음으로 예수 그리스도와 인격적으로 연합하면 우리가 그분과 함께 죽고 그분의 죽음이 곧 우리의 죽음이 됨을, 그리하여 값을 치르고 빚을 청산하여 우리가 옛 생활의 굴레에서 해방됨을 배웠다.

둘째, "우리는 그리스도와 함께 살아났다." 우리는 옛 생활에 죽었을 뿐 아니라 새 생활에 다시 살아났다. 죄와 죄책과 속박이라는 옛 생활이 끝났을 뿐 아니라 용서와 능력과 자유라는 새 생활이 시작된 것이다. 그것은 우리가 죽음뿐 아니라 부활에서도 '그리스도와 함께' 있기 때문이다. 그래서 지금 우리가 지닌 큰 열망은 갈수록 더 "그리스도와 그 부활의 권능[을 아는]"것이다(빌 3:10). 예수님이 몸으로 부활하신 일은 자연적인 부패의 과정을 묶어버렸을 뿐 아니라 초월했다. 신약성경은 그분의 부활을 역사 속에 하나님의 능력이 표출된 정점으로 그린다. 부활은 우주의 창조에 비견된다. 사실 그것은 새로운 창조 행위이기 때문이다(참고. 롬 4:17; 엡 1:19 이하). 그리스도를 죽은 자 가운데서 살리심으로 표출된 하나님의 능력은 또한 우리를 소외와 속박의 죽음에서 살리심으로 표출되었고, 악을 우리의 발아래 두심으로 오늘 우리의 삶에도 표출될 수 있다(엡 1:19-2:10).

셋째, "우리의 생명은 그리스도와 함께 감추어져 있다." 죽었다가 죽은 자 가운데서 살아나신 예수 그리스도는 하늘에 올라 우주적인 권위를 상징하는 위치인 하나님의 오른편에 좌정하셨다. 그분의 백성들은 구원 사역의 이 세 번째 사건에도 동참했다. 우리를 그리스도와 함께 살리신 하나님이 "그리스도 예수 안에서 [우리를 그분과] 함께 하늘에 앉히셨고"(엡 2:6), 그래서 지금 우리의 생명이 "그리스도와 함께 하나님 안에 감추어져" 있기 때문이다(골 3:3). 그리스도인들에게는 숨은 삶이 있다. 그들은 보이게 이 땅에 살지만 보이지 않게 하늘에 살고 있다. 그들은 멸시와 핍박과 박대를 당하고 심지어 패배하여 짓밟히는 듯 보이지만 사실은 그리스도와 함께 다스리고 있다.

예수님 자신도 이 땅에 계실 때 숨은 삶을 누리셨다. 사람들은 그것을 이해하거나 알아차리지 못했다. 그분의 신적인 영광은 간혹 기적을 통해 터져 나왔지만 대개는 가려져 있었다. 그래서 그분은 모든 사람에게 수수께끼였고 불가해한 인물이었다. 그들은 "이 사람은 목수가 아닌가?"라며 어리둥절해했고, 그분의 언행에 담긴 권세와 인간적으로 초라한 배경을 서로 조화시키지 못했다. 사람들은 그분을 이해하거나 알아보지 못했고 그분의 정체는 그들을 비켜갔다. 그러지 않고 그들이 그분을 이해했다면 "영광의 주를 십자가에 못 박지 아니하였을" 것이다(고전 2:8).

오늘날 예수 그리스도는 더 꼭꼭 숨어 계신다. 그분은 대중의 눈앞에서 사라지셨고, 일각에서 서슴없이 그분의 존재를 부인할 정도로 철저히 비가시적인 존재이시다. 이것이 바로 현 시점에 숨어 계신 예수님이다.

그분의 제자들에게도 사람들이 이해할 수 없는 숨은 삶이 있다. 우리는 예수님을 만나서 용서받기 전이나 그 후나 겉보기에는 똑같은 사람이다. 우리의 여권이나 국적이나 가정도 똑같고, 부모와 배우자와 자녀들과 형제자매와 친척들과 친구들도 그대로이다. 피부와 머리칼과 눈동자 색도 똑같다. 우리는 여전히 키가 크거나 작고, 말랐거나 뚱뚱하고, 잘생겼거나 평범하며, 기본적인 기질도 동일하다. 하지만 우리는 새 사람이며 전혀 새로운 존재다! 사람들의 눈에 보이지 않는 내면에 뭔가 일이 벌어졌다. 이제 우리는 하나님의 가정에 수용되고 입양된 그분의 자녀인 까닭이다(참고. 요일 3:1-2). 이제 하나님의 성령이 우리 안에 거하신다(참고. 롬 8:9). 이제 우리는 새 생명 곧 영원한 생명을 받았으며(참고. 롬 6 23; 요일 5:12-13), 이 생명은 "그리스도 안에 감추어져 있다." 물론 정말 새 생명이 있을진대 그것은 다양한 방식으로 나타나게 되어 있다. 하나님께 겸손하고도 당당히 나아가는 새로운 자세로, 역경의 폭풍 속에서 누리는 새로운 평온함으로, 미흡하나마 자신을 통제하는 새로운 모습으로, 어떤 식으로든 빼앗기고 상처받은 사람들을 향한 새로운 사랑과 긍휼로. 그럼에도 이런 것들은 생명의 외적인 표징일 뿐 생명 자체는 숨겨져 있다. 우리는 숨어 계신 그리스도와 함께 숨은 삶을 누린다. 그분 자신이 "우리의 생명"이다(골 3:10, RSV). 사람들이 우리를 이해하지 못한다면 그것은 우리의 비밀이신 그리스도를 이해하지 못하기 때문이다.

넷째, "우리는 그리스도와 함께 나타날 것이다." 죽으시고 부활하셔서 다스리시는 예수님은 어느 날 다시 오신다. 숨어 계신 그분이 나타나신다. 나아가 그분의 재림은 초림과 사뭇 다를 것이다. 동일한 예수님이고 동일한 성육신하신 영원한 성자이며 동일한 유일무이한 신인神人이지만, 그때는 낮고 겸손하게 오신 그분이 이제는 위풍당당하게 다시 오실 것이다. 처음에는 정체가 드러나지 않게 오셨고 그 결과 많은 사람들에게 거부당하셨다. 그러나 다시 오실 때는 그분의 정체가 밝히 드러날 것이며 세상 모든 곳에서 그분을 알아보고 환호할 것이다.

그분이 나타나실 때 우리도 "그와 함께" 나타날 것이다. 드디어 우리의 비밀이 알려지고, 우리의 정체가 드러나고, 우리의 숨은 삶이 밝혀질 것이다. 우리는 우리의 참 모습으로, 즉 하나님의 순전한 자비로 구속받은 그분의 자녀로 알려질 것이다. 우리는 또 그분의 영광을 볼 것이며, 우리의 이해를 초월하는 깊은 의미에서 그 영광에 동참할 것이다.

이렇듯 그리스도인들에게 예수님의 죽음과 부활과 승천과 재림은 역사 속의 사건 훨씬 이상이다. 그것은 우리가 직접 참여했거나 현재 참여하고 있거나 앞으로 참여할 사건들이다. 예수 그리스도와 인격적으로 연합하여 그분의 백성으로서 그분과 하나 된 우리는 과거에 그분과 함께 죽었고, 다시 살아났고, 현재의 삶은 그분과 함께 숨어 있으며, 미래 어느 날에 그분과 함께 나타날 것이다. 바로 그것이 그리스도인들이 '그리스도와 함께' 있다고 한 신약성경 말씀의 핵심적인 의미이다.

몇 가지 실제적인 적용
—

이렇듯 그리스도의 죽음과 부활과 통치와 재림에 동참한다는 말에는 위험이 따른다. 사람들은 그것을 그리스도인들의 현실 도피를 정당화하는 구실로라면 몰라도, 실생활에는 전혀 쓸모없는 신화적 난센스로 여기기 때문이다. 그러나 사도 바울은 그렇게 생각하지 않았고, 우리도 그렇게 생각해서는 안 된다. 그는 그것이 일상생활에 미치는 의미를 추출하기 위해 그리스도인의 체험에 관한 깊은 신학을 설명한다.

캔터베리 대주교를 지낸 고 마이클 램지Michael Ramsey는 서품식에서 '슬픔과 기쁨'이라는 제목으로 권면하면서 '주 안에서 기뻐함'에 대해 이렇게 말했다. "하나님 안에서 기뻐한다는 것은 하나님이 우리의 나라이고 환경이며 숨쉬는 대기임을 아는 것입니다. 성 아우구스티누스는 '하나님은 우리 영혼의 나라'라고 했습니다. 그 나라에 사는 우리는 현재의 슬픈 상황에서 달아나지 않고 (오히려 그런 슬픔에 더 민감해질 수 있겠지요) 하나님과 천국을 보는 영원의 시각으로 살아갑니다. 현재 우리들의 교회가 회의와 불안과 소극적인 태도와 무기력에 빠져 있는 것은 다분히 우리 그리스도인들이 영혼의 나라인 하나님과 함께 살지 못하기 때문이라고 저는 믿습니다. 그 나라에서 우리는 엄연히 문제에 부딪히지만 또한 성도의 기쁨에 동참합니다."[5]

첫째, 우리에게는 **새로운 야망**이 있다. 우리가 "위의 것을 생각하고 땅의 것을 생각하지 말아야" 함은(골 3:1-2) 바로 그리스도와 함께 옛 생활에 죽고 새 생활에 다시 살았기 때문이다. 그런데 우리는 '위의 것'과 '아래의 것', '하늘의 것'과

'땅의 것'의 구분을 흔히 오해한다. 바울이 그리스도인들에게 이 땅의 책임을 무시하고 신비 체험을 좇도록 가르친다고 생각하는 사람들이 많다. 그러나 이 말씀은 우리에게 가정과 직장과 사회의 본분을 저버리고 일종의 종교적인 진공 상태에 빠지라고 하는 말이 아니다. 그렇다면 '위의 것들'이란 무엇인가? 그것은 "그리스도께서 하나님 우편에 앉아 계신" 곳에 속하는 것들이다. 즉 그분의 의롭고 평화로운 통치와 공존할 수 있는 것들이다. 반대로 '땅의 것들'은 무엇인가? 그것은 자기중심적으로 살아가던 우리의 옛 생활에 속하는 것들이다. 사도가 골로새서 3장 5절에 똑같이 '땅에 있는'이라는 표현을 되풀이한 뒤에 우리가 버려야 할 그것들을 "음란과 부정과 사욕과 악한 정욕과 탐심이니 탐심은 우상숭배"라고 정의했으므로 그것을 알 수 있다. 그것들 대신 우리는 '위의 것' 즉 통치자이신 그리스도를 기쁘시게 하는 것들을 최고선으로 '찾아야' 한다. 우리는 일편단심 그것을 '생각하며' 추구해야 한다. 바울이 독려하는 것은 하나님의 나라와 의를 "먼저 구하라" 하신 예수님의 명령과 아주 흡사하다(참고. 마 6:33). 이것이 우리가 추구하는 최고의 야망이어야 한다. 우리의 마음은 예수 그리스도를 통한 하나님의 의로운 통치에 사로잡히되, 저 멀리 천상의 영역에서가 아니라 내 삶과 동료 인간들의 삶이라는 구체적인 현실 속에서 그러해야 한다.

둘째, 우리에게는 **새로운 기준**이 있다. 그리스도와 함께 죽고 살아난 우리가 계속 옛날과 똑같은 방식으로 옛날과 똑같은 삶을 이어간다는 것은 생각할 수 없는 일이다. 앞서 보았듯이 바울은 음란 곧 성적 부도덕을 지목하여 그 점을 예시한다. 그것이 유일한 죄나 가장 악한 죄여서가 아니고 그리스도인들이 섹스에 병적으로 집착하기 때문도 아니고 다만 음란이야말로 '탐심 곧 우상숭배'의 뚜렷한 예이기 때문이다. 그것이 '탐심'임은 다른 사람들을 희생시켜 자신의 만족을 구하기 때문이요, 그것이 '우상숭배'임은 하나님을 보좌에서 몰아내는 오만한 욕심이기 때문이다. 바울은 말을 대충 얼버무리지 않는다. 그런 탐심과 우상숭배에 자신을 내어주는 사람들에게는 하나님의 진노가 임할 것이라고 선포한다. 그러면서 골로새 사람들도 한때 그 가운데 살았다고 덧붙인다(참고. 골 3:5-7). 하지만 이제 그들에게는 새로운 기준이 있다. 탐심 대신 절제가, 우상숭배 대신 섬김이 있다.

셋째, 우리에게는 **새로운 관계**가 있다. 우리가 버려야 할 것은 음란한 생활이라는 탐심과 우상숭배만이 아니다. 우리는 더러운 옷과 같은 "분함과 노여움과 악의와 비방과 너희 입의 부끄러운 말"을 "거짓말"과 함께 모두 "벗어버려야" 한다(골 3:8-9). 대신 우리는 그리스도인의 깨끗한 새 옷으로 "긍휼과 자비와 겸손과 온유와 오래 참음을 옷 입고" 서로 용납하고 용서해야 하며, "이 모든 것 위에" 가장 밝고 멋진 옷인 "사랑을 더해야" 한다. 사랑은 "온전하게 매는 띠"이기 때문이다(골

3:12-14). 이렇게 완전히 옷을 갈아입어야 하는 이유는 명백하다. 그리스도와 함께 부활한 우리의 새로운 삶은 새로운 공동체 안에서 살아가는 삶이기 때문이다. 인종과 계층의 낡은 장벽은 이제 무너졌다. "거기에는 헬라인이나 유대인이나 할례파나 무할례파나 야만인이나 스구디아인이나 종이나 자유인이 차별이 있을 수 없나니 오직 그리스도는 만유시요 만유 안에 계시기"때문이다(골 3:11).

이것이 그리스도께 나아오는 모든 사람들에게 주시는 새로운 삶이며, 그것을 놓치기란 불가능하다. 새로운 야망, 새로운 기준, 새로운 관계가 그 안에 있고, 이 새로움은 '그리스도와 함께' 있는 데서 비롯되기 때문이다. 바울은 여기서 기독교 윤리의 기초를 놓고 있다. 그것은 신학적인 기초이니, 곧 그리스도인들이 그리스도의 속죄의 죽음, 능력의 부활, 숨은 승천, 승리의 재림 속에 '그분과 함께' 있다는 엄청난 진리이다. 새로운 야망(그리스도의 의로운 통치를 구함), 새로운 기준(절제와 섬김과 경건), 새로운 관계(새로운 공동체 안에서 입는 겸손과 사랑)를 가꾸려면 우리는 자신의 정체를 잊지 않아야 한다. 우리는 그리스도와 함께 죽었고, 그리스도와 함께 다시 살아났고, 우리의 삶은 그리스도와 함께 숨겨져 있으며, 장차 그리스도와 함께 나타날 것이다. 우리 그리스도인의 정체성의 핵심은 이렇게 구속 사역의 각 단계마다 우리가 '그리스도와 함께' 있다는 사실에 있다. 이보다 큰 능력으로 우리를 변화시킬 진리는 없다. 우리가 그것을 붙잡으면, 과거와 현재 사이의 뛰어넘을 수 없는 단절이 더욱 극명해진다. 우리는 뒤로 후퇴할 수도 없고 그 자리에 정체해 있을 수도 없다. 오직 '그리스도와 함께' 전진해야 한다.

우리의 목표이신
그리스도를 향해

Unto Christ our Goal

6

가장 흥미진진한 전기와 자서전은 단순히 주인공의 사연만 들려주는 책이 아니라 그의 비밀을 밝혀주는 책이다. 그렇다고 책의 주인공이 실은 악당이나 은근한 술꾼이나 마약을 복용하는 사람이나 바람둥이였다는 식으로 이전에 알려지지 않았던 비밀을 폭로해야 한다는 말은 아니다. 삶의 방향과 동력, 헌신의 대상과 동기가 밝히 드러나야 한다는 말이다.

  모든 사람의 인생에서 정말 흥미로운 점은 무엇이 그를 '움직이게' 하는가이다. 그는 무엇을 위해 또는 누구를 위해 살고 있는가? 물론 삶의 목적이 없는 사람들도 있다. 그들은 목적을 찾다가 실패하여 실존적인 비관론에 빠졌을 수도 있고, 아니면 기질적으로 방랑벽이 있을 수도 있다. 그들은 삶이라는 바다에서 플랑크톤처럼 그저 바람과 물결에 휩쓸린다. 그런가 하면 정반대로, 마치 사나운 귀신에 쫓기듯 뭔가에 쫓기는 사람들도 있다. 그들은 채울 수 없는 욕심 특히 권력욕이나 명예욕에 사로잡힌다. 하지만 진정 인간다운 인간의 한 표지는 고결한 목표를 이타적으로 추구하는 것이다. 사업체나 기업에서 '관리' 기술을 개발한 사람들은 그 동일한 원리를 사생활에도 적용하여 각자 자기만의 목표를 수립하도록 사람들에게 권한다. 이것이야말로 정신 건강의 한 조건이 아닐까 싶다. 빅터 프랭클 Viktor Frankl 박사가 '의미 요법' 개발을 시작한 것은 나치 폭정의 희생자가 되어 죽음의 수용소인 아우슈비츠에 있을 때였다 (그는 나중에 비엔나 대학교의 정신의학 및 신경학 교수가 되었다). 그가 관찰한 바에 따르면, 수용소의 포로들 중 "완수할 임무가 있음을 아는" 사람들이 생존할 가능성이 가장 높았다.[1] 그는 "삶의 **이유**가 있는 사람은 거의 어떤 **상황**도 견뎌낼 수 있다"고 한 니체의 말을 인용한 뒤에 "삶의 의미를 찾으려는 추구야말로 인간의 궁극적 동인이다"[2]라고 자신의 견해를 덧붙였다. 이어서 그는 여기서 말하는 '의미'란 인간, 대의, 책임, 목표, 하나님 등일 수 있다고 말했다.

그렇다, 우리의 의미는 하나님이다. 좀 더 구체적으로 말하면 예수 그리스도 안에 계시된 하나님이다. 그리스도인들은 모든 부분에서 '그리스도를 향해' 살려 하기 때문이다. 여기서 이 '향해'라는 말은 단순히 그리스어의 여격與格을 옮긴 것이다. 그것은 우리 그리스도인들이 늘 그리스도를 앞에 모시고 항상 마음속에, 눈앞에 그분을 두어야 함을 가리킨다. 한마디로 우리의 삶은 그분을 지향해야 한다. 우리의 야망은 그분을 섬기고 순종하며 기쁘시게 하는 것이며, 우리의 최고 관심사는 범사에 그분을 영화롭게 하는 것이다.

이 주제는 여러 가지 방식으로 설명할 수 있는데, 내가 택한 방식은 오직 '그리스도를 향해' 살 때에만 우리가 서로 조화롭게 사는 법을 배울 수 있음을 예시하는 것이다. 도전적인 발언이지만 나는 그것이 사실이라 믿는다. 서로 간의 좋은 관계는 그리스도와의 바른 관계에 달려 있다.

우리에게 관계는 근본적으로 중요하다. 인생이란 가족, 친인척, 이웃, 친구, 직장 동료 등 복잡다단한 관계망으로 구성된다 해도 과언이 아니다. 인간의 성숙은 지속적이고 책임감 있는 사랑의 관계를 형성하는 능력으로 나타난다. 이 부분에서 우리 모두의 고질적인 미성숙이 은연중 드러나게 마련이다. 우리는 누구나 어떤 사람들과 만족스런 관계를 맺는 데 어려움을 겪고 있기 때문이다. 지나치게 단순화할 생각은 없지만 나는 가정이든 직장이든 교회든 지역사회든 조화로운 대인관계의 주된 비결은 '그리스도를 향해' 사는 법을 배우는 데 있다고 확신한다. 그 근본적인 방향이 제대로 맞추어져 있으면 다른 것들은 저절로 따라온다. 지금부터 신약성경에 나오는 세 가지 사례로 이 주제를 예시하고자 한다.

교회에서 우리의 관계

지역교회는 가족이며 마땅히 그래야 한다. 그것은 하나님의 우주적인 가족이 지역적으로 표출된 것이며, 따라서 지체들은 서로 형제자매로 대하며 사랑하고 존중해야 한다. 그런데 이상하고 서글픈 사실이지만, 사랑하고 품어주기보다 비판하고 거부하는 것이 특징이 되어버린 지역교회들이 많이 있다. 1세기에도 그랬고 지금도 그렇다. 그러므로 우리는 사도 바울이 초대교회의 공동체들에 전한 가르침에서 현대의 교회 생활에 적용할 값진 교훈을 배울 수 있다. 로마서에 나오는 이런 말씀을 생각해보라.

믿음이 연약한 자를 너희가 받되 그의 의견을 비판하지 말라. 어떤 사람은 모든 것을 먹을 만한 믿음이 있고 믿음이 연약한 자는 채소만 먹느니라. 먹는 자는 먹지 않는 자를 업신여기지 말고 먹지 않는 자는 먹는 자를 비판하지 말라. 이는 하나님이 그를 받으셨음이라. 남의 하인을 비판하는 너는 누구냐. 그가 서 있는 것이나 넘어지는 것이 자기 주인에게 있으매 그가 세움을 받으리니 이는 그를 세우시는 권능이 주께 있음이라.

어떤 사람은 이 날을 저 날보다 낫게 여기고 어떤 사람은 모든 날을 같게 여기나니 각각 자기 마음으로 확정할지니라. 날을 중히 여기는 자도 주를 위하여 중히 여기고 먹는 자도 주를 위하여 먹으니 이는 하나님께 감사함이요 먹지 않는 자도 주를 위하여 먹지 아니하며 하나님께 감사하느니라. 우리 중에 누구든지 자기를 위하여 사는 자가 없고 자기를 위하여 죽는 자도 없도다. 우리가 살아도 주를 위하여 살고 죽어도 주를 위하여 죽나니 그러므로 사나 죽으나 우리가 주의 것이로다.

이를 위하여 그리스도께서 죽었다가 다시 살아나셨으니 곧 죽은 자와 산 자의 주가 되려 하심이라. 네가 어찌하여 네 형제를 비판하느냐. 어찌하여 네 형제를 업신여기느냐. 우리가 다 하나님의 심판대 앞에 서리라(롬 14:1-10).

1세기에 로마 교회의 그리스도인들 중에는 분명히 믿음이 '연약한' 사람들도 있었고 '강한' 사람들도 있었다. 즉 어떤 이들은 양심이 강하거나 잘 교육된 반면 다른 이들은 양심이 약하거나 너무 예민했다. 양쪽 사이의 문제 중 하나는 음식에 대한 것, 즉 그리스도인이 고기 특히 푸줏간에서 팔리기 전에 이방의 우상에게 제물로 바쳐진 '우상의 고기'를 먹어도 되는가 하는 것이었다. '강한' 사람들은 양심상 전혀 문제가 없었다. 구약 시대에 하나님의 백성이 고기를 먹었던 것, 예수님이 '정한' 음식과 '부정한' 음식을 구분하는 규정을 폐하신 것(참고. 막 7:19), 우상이란 어차피 실존하지 않으므로 우상에게 바쳤다 해서 음식이 더러워질 수 없다는 것(참고. 고전 8:4-6)을 그들은 알았기 때문이다. 그러나 '연약한' 사람들은 확신이 없었다. 그들은 아마도 이교에서 회심한 사람들로, 한번 등진 우상과는 어떤 방식으로든 일절 관계를 끊기로 작정했을 것이다. 우상의 고기를 먹는 것은 과거에 자신들이 행했던 우상숭배와 너무도 밀접하게 연관되어 있어서 결코 용납할 수 없었다. 사실 그들이 시장에서 사는 고기는 어느 것이 우상숭배에 사용된 것인지 가려내기가 불가능했고, 푸줏간 주인들도 모를 때가 많았다. 그러다 보니 그들은 양심에 거리낌이 있었다. 양심을 달래고 확실히 우상의 고기를 먹지 않는 유일한 길은 채식가가 되는 것이었다. 그것은 로마의 '강한' 사람들과 '연약한' 사람들 사이에 나타난 상반된 행동 가운데 한 가지였다. 또 다른 예는 어떤 특정한 날들을 절기로 지키는 문제였다.

이것들 자체는 사소한 차이다. 기독교 공동체 안에 그런 의견 차이가 있는 것은 전혀 문제가 아니다. 천국에 가는 날까지 우리는 결코 모든 일에 다 일치하지는 않을 것이다. 따라서 그때까지 우리는 교회 가족 안에서 서로 용납하는 법을 배워야 한다. 정작 사도를 근심하게 한 것은 그리스도인들 사이에 있는 사소한 의견 차이가 아니라 그런 차이 때문에 서로를 대하는 그들의 태도였다. 서로 멸시하고 판단했던 것이다. 그래서 바울은 그들에게 "먹는 자는 먹지 않는 자를 업신여기지 말고 먹지 않는 자는 먹는 자를 비판하지 말라"(3절)고 가르쳤다.

여기서 눈에 띄는 것은 바울이 목회적인 문제를 신학적으로 다루었다는 점이다. 그는 로마의 그리스도인들에게 그저 서로 친절히 대하며 잘해주라고 당부하지 않았다. 그는 그들에게 한 가지 교리를 상기시켰다. 그릇된 행동으로 보아 그들은 그 교리를 잊고 있었던 것 같은데, 그것은 예수 그리스도의 주권에 관한 것이었다. 즉 그분이 죽었다가 다시 살아나신 것은 "주가 되려 하심"이며, 따라서 우리는 "살아도 주를 위하여 살고 죽어도 주를 위하여 죽는다." 죽은 후에 그분께 우리 자신을 직고해야 하기 때문이다. 이렇듯 모든 그리스도인은 살든지 죽든지 예수 그리스도의 하인이다(참고. 6-12절). 그러므로 바울은 "남의 하인을 비판하는 너는 누구냐"(4절)고 따진다. 우리는 예수 그리스도의 어떤 하인도 멸시하거나 판단할 권리가 없다. "그가 서 있는 것이나 넘어지는 것이 자기 주인에게 있기" 때문이다(4절).

분명히 말하지만 이 문제에서 바울은 '연약한' 그리스도인들의 견해를 잘못된 것으로 보았다. 바울은 채식가가 아니었고 우상의 고기를 먹지 못할 이유도 없었다. 하나님은 오직 한 분이시고, 우상은 아무것도 아니며, 이교의 제사가 고기를 더럽히지 못하기 때문이었다. 그래서 바울은 거리낌 없이 오히려 감사하며 고기를 먹을 수 있었다. 그럼에도 같은 장 후반부(13-23절)와 고린도전서 8장에 바울이 설명한 것처럼, '강한' 그리스도인은 '연약한' 그리스도인 앞에서 일부러 고기를 삼가는 것이 옳다. 행여 연약한 형제를 양심에 거리끼는 일로 유도하여 죄에 빠뜨리지 않기 위해서이다. 이렇듯 그리스도인의 사랑은 그리스도인의 자유를 제한한다. 성경이 성결한 양심을 매우 중시하기 때문이다. 인간의 양심이란 무오하지 않으며 교육이 필요하다. 하지만 양심에 교육이 필요하다는 사실과는 별도로, 우리는 절대로 다른 사람의 양심을 침해해서는 안 된다. 설령 다른 사람의 양심이 잘못되어 있을 때라도 마찬가지이다.

이렇듯 기독교 공동체 안에서 좋은 관계를 이루는 비결은 예수 그리스도가 주인이시요 그리스도인들은 '그분을 향해' 산다는 인식이다. 오늘날 많은 사소한 문제들이 그리스도인들을 분열시키고 있다. 지금 나는 성경에 명백히 선포되어 있어 그리스도인들이 마땅히 연합해야 하는 중대한 교리나 윤리적인 문제들을 말하는 것이 아니다. 얼마든지 서로 의견이 달라도 되는 사소한 문제들을 말하는 것이다. 예컨대 교회에서 우리의 옷차림은 어떠해야 하는가? 그리스도인은 술에 손을 대도 되는가? 세례가 유효하려면 물의 양이 얼마나 되어야 하는가? 우리는 구약의 선지서를 어떻게 해석해야 하는가? 영적 은사 중에서 가장 중요한 것은 무엇인가? 이런 비슷한 질문들은 얼마든지 있다. 이렇게 소소한 문제로 동료 그리스도인을 멸시하거나 비판하는 것은 단지 정도를 벗어나거나 교제를 깨는 형제답지 못한 행동 정도가 아니라 그보다 더 나쁜 것이다. 그것은 예수 그리스도의 주권을 부인하는 일이요 그분의 권한을 빼앗으려는 무례한 시도이다. 내가 누구이기에 동료 그리스도인에게 주인과 심판자의 자리에 선단

말인가? 당연히 우리는 온 교회의 주인이자 심판자이신 예수 그리스도의 자리를 기꺼이 그분께 내어드려야 한다. 그분은 **나의** 주인이실 뿐만 아니라 다른 모든 신자의 주인이시며, 그러므로 나는 그분이 행하시는 통치에 간섭할 권리가 없다. 그리스도인으로서 내 책임은 나 자신이 '주를 향해 살' 뿐 아니라 다른 사람들에게도 그렇게 살 자유를 주는 것이다.

일터에서 우리의 관계

바울의 두 번째 메시지는 그리스도인 고용주와 피고용인의 본분에 대해 많은 것을 가르쳐 준다.

> 종들아, 모든 일에 육신의 상전들에게 순종하되 사람을 기쁘게 하는 자와 같이 눈가림만 하지 말고 오직 주를 두려워하여 성실한 마음으로 하라. 무슨 일을 하든지 마음을 다하여 주께 하듯 하고 사람에게 하듯 하지 말라. 이는 기업의 상을 주께 받을 줄 아나니 너희는 주 그리스도를 섬기느니라. 불의를 행하는 자는 불의의 보응을 받으리니 주는 사람을 외모로 취하심이 없느니라.
> 상전들아, 의와 공평을 종들에게 베풀지니 너희에게도 하늘에 상전이 계심을 알지어다(골 3:22-4:1).

이것은 결코 노예제도를 정당화하는 말이 아니다. 한 인간이 다른 인간을 '소유한다'는 개념은(아무리 상대에게 잘해준다 해도) 절대 옹호할 수 없는 비인간적인 것이다. 사실 상전들이 종들에게 "의와 공평"(4:1)을 베풀어야 한다고 사도가 명한 것은 비록 노예를 풀어주라는 명령에는 미치지 못할지라도 당시에는 혁명적인 정의의 부르짖음이었고, 그것이 훗날(아주 늦기는 했지만) 참혹한 노예제도의 전면 폐지로 이어졌다. 그때까지 바울은 종들과 주인들이 서로 어떻게 대해야 하는지에 대해 몇 가지 판이한 지침을 내놓았다. 그가 설명하는 원리는 현대의 고용 상황에 그대로 적용할 수 있다. 즉 각 사람은 서로 상대방의 배후에 계신 그리스도를 보아야 한다는 것이다. 종들은 이 땅의 상전들에게 순종하되 "눈가림만" 해서는 안 된다. 마치 인간의 환심을 사는 것이 궁극의 목표이기라도 하듯 주인이 볼 때만 순종해서는 안 된다는 말이다. 대신 그들은 "성실한 마음으로" 즉 양심적으로 전심을 다해 일해야 하며, "주를 두려워하여" 즉 그리스도를 경외하는 마음과 그리스도를 기쁘시게 하려는 뜻으로 일해야 한다(22절). 어떤 일을 하든, 재미있든 따분하든, 고상하든 천하든, 깨끗하든 불결하든, 쉽든 어렵든, 전문 기술직이든 육체노동이든 그들은 마음을 다하여 "주께 하듯 하고 사람에게 하듯 하지 말아야" 한다(23절). 인간 상전이 아닌 하늘의 상전께 봉사하듯 해야 한다는 뜻이다. 사실이 그렇다는 것을 그들도 알고 있었다. 그들은 "주 그리스도를 섬기고" 있었고 상을 그분에게서 받을 것이었다(24

절). 마찬가지로 상전들도 종들에게 의와 공평을 베풀어야 했다. 그에게도 "하늘에 상전이" 계셔 그분께 자기 행위를 보고해야 함을 잊어서는 안 되기 때문이다(골 4:1).

양쪽 모두에 대한 가르침이 본질상 같음에 주목하라. 종들이나 상전들이나 하늘에 동일한 상전이 계시고, 그분을 섬기도록 부름받았고, 그분을 향해 살아야 하며, 어느 날 그분께 보고해야 한다. 예수 그리스도가 공동의 주인이요 심판자라는 이 사실을 알 때 그들의 관계는 이전과 달라질 수밖에 없었다. 핵심적인 표현은 동일하다.

종들에게는 "이는 기업의 상을 주께 받을 줄 **아나니**"(3:24)라고 했다.

상전들에게는 "너희에게도 하늘에 상전이 계심을 **알지어다**"(4:1)라고 했다.

둘 다 상대방의 배후에 주인과 심판자로 서 계시는 예수 그리스도를 보고, 그리스도께 행하듯 상대방에게 행해야 한다. 둘 다 시선을 그리스도께 두고 있으면, 종은 양심적으로 일하게 되고 상전은 의와 공평을 베풀게 된다.

이 단순한 원리가 모든 일을 바꾸고 모든 관계를 좋아지게 할 수 있다. 1912년부터 1932년까지 더비셔의 클리프 대학 학장을 역임했고 1918년에 감리교 연차총회 회장이 되었던 그리스도인 새뮤얼 채드윅Samuel Chadwick은 그것을 어려서부터 배웠다. 그는 열 살 때인 1870년에 회심했는데, 그 내막은 이렇다. 주일학교 기념 주일에 새뮤얼 콜리Samuel Coley 목사가 아이들에게 존 뉴턴에 대한 이야기를 들려주었다. 만일 뉴턴이 구두닦이였다면 예수 그리스도를 위해 구두를 닦아 동네 최고의 구두닦이가 되었을 것이라는 요지였다. 어린 새뮤얼 채드윅은 아버지의 신발을 모두 닦는 것이 집에서 자신이 맡은 일이었던 터라 바짝 다가앉아 이야기를 귀담아들었다. 나중에 그는 이렇게 썼다. "나는 구두 닦는 일이 싫었고 아버지의 부츠는 특히 싫었다. 마침 그 기념 주일에 비가 내렸기 때문에 이튿날 아침에 구두를 닦는 일은 최악이었다. 매도 먼저 맞는 게 낫다는 생각에 부츠부터 시작했다. 다 닦아 내려놓으며 한시름 놓았는데, 부츠를 보는 순간 마치 예수님이 신으실 것처럼 구두를 닦아야 한다던 목사님의 말씀이 내게 도전으로 다가왔다. … 이 부츠를 예수 그리스도께서 신으셔도 괜찮을까 하는 생각이 들었고, 그래서 나는 부츠를 들고 다시 닦았다. 단순한 일이었지만 그때 나에게는 그것이 내 평생 가장 중요한 일이었다. … 그때부터 나는 가장 단순한 일들도 예수 그리스도를 위해, 그분께 하듯 하는 버릇이 들었다."[3]

마찬가지로 방을 치울 때도 마치 예수 그리스도께서 오늘 우리 집에 오실 것처럼, 그분께 깔끔한 방을 내드리고 싶은 마음으로 할 수 있다. 언젠가 한 하녀는 자신이 회심한 그리스도인임을 어떻게 아느냐는 물음에 이렇게 답했다. "전에는 먼지를 장판 밑으로 슬쩍 쓸어 넣었지만 지금은 그러지 않거

든요." 우리는 누군가를 방문할 때도 예수 그리스도께서 거기 사시는 것처럼, 편지를 쓸 때도 예수 그리스도께서 읽으실 것처럼, 고객을 섬길 때도 예수 그리스도께서 오늘 쇼핑하러 오신 것처럼, 환자를 간호할 때도 예수 그리스도께서 그 병상에 계신 것처럼 할 수 있다. 식사를 준비할 때도 우리는 마치 내가 부엌의 마르다이며 예수 그리스도께서 음식을 드실 것처럼 할 수 있다.

17세기 초의 시인이자 목사인 조지 허버트George Herbert는 아직도 애창되는 찬송가에 그 마음을 아주 멋스럽게 표현했다.

나의 하나님 나의 왕이여,
범사에 주를 보게 하시고
나 무슨 일을 하든지
주를 위해 하게 하소서.

유리를 보는 자의 눈
유리에 머물 수도 있으나
원한다면 그 너머로
천국을 볼 수 있습니다.

범사에 주와 더불어 하면

천한 일이란 없습니다.
'주를 위해' 그 한마디에
모두 밝고 깨끗해집니다.

그 말씀대로 사는 종에게
허드렛일도 신성해지고
주 말씀을 위해서라면
청소도 즐거워집니다.

무엇이든 금으로 바꾸는
신기한 돌이 여기 있으니
하나님이 손대시는 것마다
찬란한 빛을 발합니다.

세상에서 우리의 관계

가정과 직장은 우리들 대부분이 가장 많은 시간을 보내는 곳이다. 그러나 하나님은 우리에게 가정과 일터보다 더 넓은 책임을 주신다. 우리 중에 사회와 전혀 무관하게 살아갈 수 있는 사람은 아무도 없다. 나아가 어려움에 처한 바깥세상에 우리가 보여야 할 반응은 섬김이며, 지금까지 살펴본 동일한 원리가 우리 섬김의 길잡이가 되고 그 품위를 높여줄 수 있다.

그것을 이해하기 위해 예수님의 가르침, 특히 양과 염소를 가르는 이야기를 통해 그분이 묘사하신 최후의 심판을 살펴보려 한다.

인자가 자기 영광으로 모든 천사와 함께 올 때에 자기 영광의 보좌에 앉으리니 모든 민족을 그 앞에 모으고 각각 구분하기를 목자가 양과 염소를 구분하는 것같이 하여 양은 그 오른편에 염소는 왼편에 두리라.

그때에 임금이 그 오른편에 있는 자들에게 이르시되, 내 아버지께 복 받을 자들이여, 나아와 창세로부터 너희를 위하여 예비된 나라를 상속받으라. 내가 주릴 때에 너희가 먹을 것을 주었고 목마를 때에 마시게 하였고 나그네 되었을 때에 영접하였고 헐벗었을 때에 옷을 입혔고 병들었을 때에 돌보았고 옥에 갇혔을 때에 와서 보았느니라.

이에 의인들이 대답하여 이르되, 주여, 우리가 어느 때에 주께서 주리신 것을 보고 음식을 대접하였으며 목마르신 것을 보고 마시게 하였나이까. 어느 때에 나그네 되신 것을 보고 영접하였으며 헐벗으신 것을 보고 옷 입혔나이까. 어느 때에 병드신 것이나 옥에 갇히신 것을 보고 가서 뵈었나이까 하리니

임금이 대답하여 이르시되 내가 진실로 너희에게 이르노니 너희가 여기 내 형제 중에 지극히 작은 자 하나에게 한 것이 곧 내게 한 것이니라 하시고

또 왼편에 있는 자들에게 이르시되, 저주를 받은 자들아, 나를 떠나 마귀와 그 사자들을 위하여 예비된 영원한 불에 들어가라. 내가 주릴 때에 너희가 먹을 것을 주지 아니하였고 목마를 때에 마시게 하지 아니하였고 나그네 되었을 때에 영접하지 아니하였고 헐벗었을 때에 옷 입히지 아니하였고 병들었을 때와 옥에 갇혔을 때에 돌보지 아니하였느니라 하시니

그들도 대답하여 이르되, 주여, 우리가 어느 때에 주께서 주리신 것이나 목마르신 것이나 나그네 되신 것이나 헐벗으신 것이나 병드신 것이나 옥에 갇히신 것을 보고 공양하지 아니하더이까.

이에 임금이 대답하여 이르시되, 내가 진실로 너희에게 이르노니 이 지극히 작은 자 하나에게 하지 아니한 것이 곧 내게 하지 아니한 것이니라 하시리니

그들은 영벌에, 의인들은 영생에 들어가리라 하시니라(마 25:31-46).

흔히 우리는 이것을 '양과 염소의 비유'라 부른다. 그러나 이것은 비유가 아니라 최후의 심판 날을 생생하고도 엄숙하게 묘사한 말씀이다. 딱 하나 비유적인 요소가 있다면 그것은 심판자가 마치 "목자가 양과 염소를 구분하는 것같이"(32절) 의인들과 불의한 자들을 가르신다는 것이다.

예수님은 우리에게 어느 날 '인자가' 친히 천사들을 대동하고 영광 중에 오신다고 말씀하신다. 그분은 영광의 보좌에 왕

과 심판자로 앉으실 것이고, 모든 민족들이 그분 앞에 모일 것이다. 세계 역사의 모든 시대에 살았던 모든 사람들이 집결하는 것이다. 그들의 부활은 언급되지 않았으나 가정되어 있다. 그때 그분은 마치 목자가 뒤섞인 가축 떼에서 양과 염소를 가르는 것처럼 사람들을 서로 갈라 의인들은 자신의 오른편에 두고 불의한 자들은 왼편에 두실 것이다. 그러고는 의인들을 향해서는 '나아와' 하나님 나라를 상속하라고 부르시고, 불의한 자들에게는 '떠나' 영영한 불에 들어가라고 명하실 것이다.

그러나 이 엄숙한 본문이 근본적으로 가르치는 것은 심판자나 선고의 내용이 아니라 심판자가 선고를 내리는 근거에 있다. 여기서 근거는 그분을 대하는 사람들의 태도인데, 그것은 그분의 "형제 중에 지극히 작은(또는 가장 비천한) 자"를 향한 그들의 행동(또는 행동하지 않음)으로 나타난다. 의인들은 그분이 배고플 때 먹이고, 목마를 때 마시게 하고, 나그네 되었을 때 영접하고, 벗었을 때 입히고, 병원이나 옥에 있을 때 찾아가 보았다. 그분이 설명하신 대로 "너희가 여기 내 형제 중에 지극히 작은 자 하나에게 한 것이 곧 내게 한 것"이기 때문이다. 반면에 불의한 자들도 그리스도께서 배고프고 목마르고 나그네 되고 헐벗고 병들고 옥에 갇힌 모습을 보았으나 어려움에 처한 그분을 섬기지 않았다. 그분의 가장 작고 비천한 형제 하나를 섬기지 않았기 때문이다. 그들은 행한 일이 아니라 행하지 않은 일, 즉 태만과 괘씸한 무관심 때문에 심판받을 것이라고 예수님은 말씀하신다.

그렇다면 여기 그리스도의 '형제들'이란 누구인가? 어떤 사람들은 그들이 유대인이며, 따라서 '모든 민족'은 하나님의 백성인 유대인을 어떻게 대했는가에 따라 심판받는다고 주장한다. 물론 그것은 구약성경의 선지서에 나오는 한 주제이고, 반유대주의는 비열한 인종차별의 한 형태이다. 그러나 민족이란 영원한 운명을 지니거나 마지막 날 그리스도께 심판받을 수 있는 존재가 아니다. 민족에 대한 심판은 역사의 과정 속에서 이루어진다. 여기서 그리스도께서 말씀하시는 것은 민족 단위가 아닌 인간 개개인에 대한 최후의 심판이다.

또 어떤 사람들은 그분의 '형제들'은 곧 그리스도인이며, 따라서 사람들은 그리스도인들을 대하는 태도와 행동에 따라 심판받는다고 말한다. 물론 예수님은 제자들을 자신의 '형제'라 부르셨고(예. 마 12:46-50; 28:10), 사람들이 그리스도를 대하는 태도가 대개 그리스도인들을 대하는 태도로 나타나는 것도 사실이다. 그래서 그리스도인들을 열렬히 박해하던 다소의 사울은 예수님께 "네가 어찌하여 나를 박해하느냐"는 책망을 들었다. 그렇지만 이런 견해는 본문을 너무 좁게 본 것이다. 본문은 고통받는 모든 인간을 암시하는 것으로 보이며, 예수님은 사랑으로 자신을 그들과 동일시하신다. 신약성경도 이런 해석을 뒷받침한다. 성경은 그분이 "범사에 형제들과 같이 되심이 마땅"하며 그래서 "혈과 육을 함께 지니신" 인간이 되셨다고 말한다(참고. 히 2:14-17). 더욱이 그분은 우리 인간의 연약함에 대해서만 연대감을 품으신 것이 아니라 인간의 고난과 소외까지도 자신과 동일시하신다.

그러면 우리는 이 말씀을 어떻게 해석할 것인가? 신약성경 전체에서 가르치는 바는 이것이다. 우리 죄인들이 얻는 '칭의'는 그리스도를 믿는 믿음으로만 가능하나 '심판'은 우리의 행위에 근거한다는 것이다. 이는 결코 모순이 아니다. 사랑으로 선을 행하는 것이야말로 우리의 믿음이 공적으로 나타나는 유일한 증거이기 때문이다. 예수 그리스도를 믿는 우리의 믿음은 마음속에 은밀히 숨어 있다. 그러나 믿음이 진실이라면 그것은 선행을 통해 저절로 나타나게 되어 있다. 그래서 야고보는 "나는 행함으로 내 믿음을 네게 보이리라. … 행함이 없는 믿음이 헛것"(약 2:18, 20)이라고 말했다. 심판 날은 공적인 사건이므로 반드시 공적인 근거가 있어야 한다. 우리의 믿음이 긍휼의 행위로 드러나야 하는 것이다. 예수님도 친히 누차 그렇게 가르치셨다. 예컨대 "인자가 아버지의 영광으로 그 천사들과 함께 오리니 그때에 각 사람이 행한 대로 갚으리라"(마 16:27). 행위를 근거로 삼는 것은 우리의 구원이 아니라 심판이다.

따라서 만일 우리가 굶주린 자를 먹이고 헐벗은 자를 입히고 병든 자를 찾아가 보살피고 난민과 죄수를 돌보는 일에 무관심하다면, 만일 우리가 가난하고 소외된 사람들에 대한 사회적 양심과 긍휼이 없다면, 만일 우리가 세상의 처참한 고통 앞에 아무런 행동도 취하지 않는다면, 분명 우리 마음속에는 어려움에 처한 사람들에 대한 사랑이 없는 것이다. 어려움에 처한 사람들을 향한 사랑이 없으면 어려움에 처한 사람들을 자신과 동일시하시는 그리스도를 향한 사랑도 없는 것이고, 사랑이 없는 믿음은 가짜이기에 그리스도를 향한 사랑이 없으면 그리스도에 대한 믿음도 없는 것이며, 그리스도에 대한 믿음이 없으면 구원도 없는 것이다.

반대로 만일 우리가 진정 예수 그리스도께 나아와 그분을 믿어 구원을 얻었다면 우리는 그분을 사랑할 것이고, 그분을 사랑하면 그분이 자신과 동일시하시는 그분의 '형제들', 곧 가난하고 굶주리고 압제받는 사람들도 자연히 사랑할 것이다. 그들을 사랑하면 그 사랑이 자연히 그들을 섬기는 행위로 나타날 것이고, 그렇게 그들을 섬김으로 우리는 그분을 섬기게 된다.

다른 사람들 속에 있는 그리스도를 섬긴 삶이라면 고 데레사 수녀보다 더 확실한 예가 없다. 1910년에 유고슬라비아의 스코페에서 태어난 아그네스 곤자 보야지우Agnes Gonxha Bejaxhiu는 열두 살 때 수녀로 부름받았다는 확신을 얻고 열일곱 살에 인도로 떠났다. 캘커타의 로레토 수녀원 학교에서 교사로 일하다 교장이 되었다. 수녀원 담장 너머에는 지저분한 모티질 빈민가가 있었는데, 그녀는 그것이 마음 깊이 걸려서 그 생각을 떨칠 수가 없었다. 결국 1948년에 빈자 중의 빈자들에게 자신을 내어주기 위해 수녀원을 떠나도 좋다는 허락을 얻었다. 인도인으로 귀화한 그녀는 1950년에 '자비의 선교사들'이라는 수도원을 따로 세웠다. 그녀의 전기를 쓴 데스몬드 도이그Desmond Doig의 표현대로 "흰 사리를 걸친 가냘픈 단신의 여인", "상시 가동 중인 이 뜨거운 발전기"는 그때부터 굶주린 자에게 먹을 것을, 헐벗은 자에게 옷가지를, 병든 자에게 약을, 나환자들과 난민들에게 정성 어린 간호를, 버려진 아이들에게 사랑과 교육을, 죽어가는 이들에게 품위와 위안을 가져다주었다.[4] 25년도 채 못 되어 1,000명 가까운 수녀들과 185명의 수사들이 그녀의 수도회에 들어가 베트남, 예멘, 예루살렘, 호주, 아프리카, 라틴 아메리카, 미국, 유럽 등 전 세계에서 일했다.

테레사 수녀의 비밀은 무엇일까? 캘커타 모원母院의 거실에 걸린 액자에 그녀의 말이 새겨져 있다. "모든 수녀는 가난한 사람의 인격 속에서 예수 그리스도를 보아야 한다. 일이나 사람이 혐오감을 줄수록 수녀는 그렇게 흉하게 위장하고 계신 우리 주님을 더 큰 믿음과 사랑과 즐거운 헌신으로 섬겨야 한다."[5] 데스몬드 도이그는 테레사 수녀에 대한 첫 기억을 이렇게 묘사했다. 죽어가는 빈자들을 섬기는 집인 칼리가트의 니르말 흐리데이는 칼리 사원의 그림자에 덮여 있었고, 그녀는 방금 데려온 한 죽어가는 남자 곁에 무릎을 꿇고 있었다. "누더기를 벗기자 그는 구더기가 득실거리는 섬뜩한 산송장이었다." 그때 테레사 수녀는 어떻게 했던가? 그녀는 그 곁에 무릎을 꿇고 앉아 "벵골 말로 그에게 다정히 말하며 숙련된 손놀림으로 조용히 그를 씻기기 시작했다." 크리스토 다스라는 젊은 인도인이 그녀를 거들다가 일을 넘겨받았다. 다 씻긴 후에 그는 "가난한 이들의 상처를 씻기는 것은 그리스도의 상처를 씻기는 것"[6]이라고 말했다. 그도 그것을 테레사 수녀에게 배운 것이다. 테레사 수녀는 이런 글을 남겼다. "나는 내 손이 닿는 모든 사람 안에서 그리스도를 본다. 그분이 '나는 배고프다, 나는 목마르다, 나는 헐벗었다, 나는 아프다, 나는 고통받고 있다, 나는 집이 없다'고 말씀하셨기 때문이다. 그렇게 단순하다. 빵 한 조각을 건넬 때마다 나는 그분을 대접한다."[7]

모든 상황과 관계 속에서 그리스도를 보다

그리스도인으로 산다는 것은 '그리스도를 향해' 사는 것이다. 그런 삶을 추구하는 것은 그 자체로 옳다. 그분은 우리 주님이시며 우리는 그분을 섬겨야 하기 때문이다. 이것은 인간의 행실을 하나로 통합해주는 놀라운 원리이기도 하다. 그분과의 바른 관계는 필연적으로 다른 사람들과의 바른 관계로 이어지기 때문이다. 교회 가족 안에서 우리는 동료 그리스도인들을 거부하는 것이 아니라 존중한다. 그들은 우리의 종이 아니라 그리스도의 종인 까닭이다. 따라서 그들은 우리가 아닌 그분께 책임을 지고, 우리도 그들이 아닌 그분께 책임을 진다. 일터에서 우리는 고용주이든 피고용인이든 양심적으로 처신한다. 우리의 시선이 하늘의 상전께 있기 때문이다. 아파하는 세상에서 우리는 어려움에 처한 사람들을 사랑하고 섬기려 애쓴다. 그리스도께서 그들을 자신의 '형제'라 부르셨기에 우리는 그분께 드리고 싶은 똑같은 관심을 그들에게 베풀기 원한다.

최대 관건은 모든 상황과 관계 속에서 그리스도를 보는 것이다. 우리는 그분을 구석에 밀쳐두거나 벽장에 가두어 놓아서는 안 된다. 그분을 일요일이나 교회나 성경이나 삶의 종교적인 부분으로 제한하려 해서도 안 된다. 반대로 매순간 삶의 모든 부분에 그분을 영접해야 하며 그 속에서 그분을 발견해야 한다. 따라서 그리스도가 우리에게 실체가 되게 해달라고 성령께 기도해야 한다. 그렇게 그리스도를 드러내고 그 "영광을 나타내는"(요 16:14) 것이 성령 본연의 사역인 까닭이다. 또 우리는 날마다 주님의 얼굴을 구하고 기도로 내 삶과 일을 그분께 가져가는 훈련이 되어 있어야 한다. 그럴 때 그분의 임재가 서서히 우리 삶 전체에 배어들고, 우리는 아무 때나 그분께 가서 말씀드리는 것이 자연스러워진다. 또 그럴 때 우리는 다른 사람들 안에서 또한 배후에서 그분을 보며, 그렇게 그분을 보면서 그들을 그분을 대하듯 대하게 된다. '그리스도를 향해' 산다는 것은 바로 이런 것이다.

우리의 사랑이신
그리스도를 위해

For Christ our Lover

7

―

흔히들 그리스도인은 '그리스도를 위해' 사는 사람이라고 한다. '위해'라는 단어는 그리스어의 세 가지 서로 다른 말을 옮긴 것이지만 의미는 같다. 그리스도를 '위해for' 한 일은 말 그대로 그분을 위해for his sake, on his behalf 한 일이다. 그래서 많은 경우에 우리는 하늘 아버지께서 그분의 독생자이신 우리 구주 예수 그리스도를 '위해' 우리의 기도를 듣고 응답해주시기를 간구하며 기도를 마친다. 예수 그리스도를 높이려는 동일한 열망은 우리의 기도만이 아니라 행동에도 감화를 끼친다. 조지 허버트는 앞 장에 인용한 훌륭한 말로 그것을 표현했다. "범사에 주와 더불어 하면 천한 일이란 없습니다. '주를 위해' 그 한마디에 모두 밝고 깨끗해집니다." 여기서 한마디라는 뜻으로 쓰인 tincture라는 말은 라틴어 어원에서 염료나 색소라는 뜻인데, 결국 모든 빛깔이나 색채에 쓰이게 되었다. 아마도 조지 허버트는 어떤 행동이든 '그리스도를 위해' 하면 그 색조가 선명해지고 밝아진다는 뉘앙스로 사용한 듯한데,

그것은 맞는 말이다. 행동보다 중요한 것이 의도이기 때문이다. 행동의 선하고 악함, 친절하고 잔인함, 아름답고 추함을 결정짓는 것은 배후의 의도일 때가 많다. 하나님은 확실히 그렇게 평가하신다. 산상수훈에서 예수님은 하나님이 우리의 말과 행동을 넘어 이면에 숨은 생각과 동기를 보신다고 가르치셨다.

  동기는 대단히 중요한 주제이다. **무엇**을 하는가보다 **왜** 하는가가 더 중요하다. 이는 만인이 인정하는 바이다. 그래서 생산성을 높이려는 기업가들은 봉급 인상, 특전 부여, 상여금 인상, 근무 조건 개선, 근무 시간 단축, 업무 만족도 향상 등 늘 참신한 인센티브를 찾아내려 한다. 범죄를 수사하는 형사들은 범인이 품었을 법한 동기를 곰곰이 따진다. 정신과 의사들도 우리에게 자아를 더 잘 이해시키려고 우리의 의식적인 행동 이면에 있는 무의식적인 충동을 탐색한다. 인간의 동기를 여러 방식으로 정의할 수 있겠지만, 우리 그리스도인들은 만인의 가장 공통된 동기가 순전히 이기심이라고 말할 수밖에 없다. 우리는 타락한 죄인이며, '원죄'란 유전으로 물려받은 삐딱한 자기중심성이기 때문이다. 그런 점에서 타락한 인간을 '자기에게로 굽은 인간'이라고 표현한 루터의 말보다 더 적합한 말은 없을 것이다. 인간의 타락이란 곧 인간의 이기심을 뜻한다. 야망도 대부분 이기적인 야망이다. 쿠나 명성이나 권력을 거머쥐어 '성공'하는 사람들은 주로 일신상의 출세라는 내적인 충동에 이끌려 그렇게 된다. 이것은 결코 비관론이 아니라 현실을 직시하려는 그리스도인들의 냉엄한 현실주의이다.

그렇다고 인간이 이룬 모든 성취를 오직 이기심의 작용으로만 해석하는 것은 지나치게 냉소적인 것이다. 자기중심성 일변도는 대다수 사회에서 따가운 눈총을 받기 때문에 어떻게든 순화되거나 승화되는 경향이 있다. 좀 더 고결한 다른 동기들이 품위를 더해주는 것이다. 인간의 위대한 위업 중에는 영웅 자신의 명성을 위해서가 아니라 어떤 대의나 타인을 위해서 이룬 것들이 많다. 예컨대 16세기 유럽의 탐험가들은 다른 나라를 강탈하는 잘못을 행하기는 했으나 자신의 군주를 위해 영토와 보물을 얻고자 바다를 항해했다. 1898년에 라듐을 공동 발견하여 1903년에 노벨 물리학상을 수상한 피에르와 마리 퀴리는 암 치료제를 찾아내려는 일념으로 많은 실패와 오해를 견뎌냈다. 이런 위대한 발견자들만 그런 것이 아니라 일상생활 속의 보통 사람들도 똑같다. 아이들은 부모를 위해 학교에서 열심히 공부하고, 운동선수들은 자신의 팀이나 국가를 위해 열심히 뛰고, 연인들은 사랑하는 사람이 보고 있을 때 모든 면에서 최선의 기량을 발휘한다.

그러나 이것들은 세상 최고의 동기인 '그리스도를 위해' 살고 일하는 것에 비하면 희미하게 빛을 잃고 만다. 그리스도인의 갈망은 무엇보다 그리스도를 기쁘시게 하고 그분의 이름에 명예와 영광을 돌리는 것이다. 사도 바울은 그것을 이렇게 표현했다.

> 그리스도의 사랑이 우리를 강권하시는도다. 우리가 생각하건대 한 사람이 모든 사람을 대신하여 죽었은즉 모든 사람이 죽은 것이라. 그가 모든 사람을 대신하여 죽으심은 살아 있는 자들로 하여금 다시는 그들 자신을 위하여 살지 않고 오직 그들을 대신하여 죽었다가 다시 살아나신 이를 위하여 살게 하려 함이라(고후 5:14-15).

바울은 "그리스도의 사랑이 우리를 강권하시는도다"라는 확신에 찬 선언으로 시작한다. 예수님의 제자라면 누구나 마땅히 그래야 한다. 이 '강권하다*sunecho*'라는 그리스어 동사는 복음서 특히 누가복음에서 예수님을 에워싸는 무리(눅 8:45), 예루살렘을 포위하여 "사면으로 가두는" 로마 군대(눅 19:43)를 묘사할 때 쓰였다. 또 누가는 의학적으로 열병(눅 4:38)이나 이질(행 28:8)에, 감정적으로 두려움(눅 8:37)이나 답답함(눅 12:50)에 '붙들린' 사람들에 대해서도 같은 단어를 썼다. 각 경우마다 육체적으로 또는 심리적으로 뭔가 강한 눌림이 사람을 붙들어 지배하거나 강권하고 있다. 그런데 바울이 느낀 눌림은 그리스도의 큰 사랑이었으므로 그는 "그리스도의 사랑이 우리를 강권하시는도다"라고 말한다. 다른 말로는 "다른 여지를 주지 않는다"(NEB)는 뜻이다. 그는 그리스도의 사랑으로 인해 사면으로 갇히거나 심지어 '구석에 몰리는' 느낌을 받았다. 그 느낌을 그는 네 가지 확신으로 자세히 설명한다.

첫째, "한 사람(그리스도)이 모든 사람을 위해 죽으셨다." 모든 사람은 죄인이며, 따라서 마땅히 죽어야 한다. "죄의 삯은 사망"이기 때문이다(롬 6:23). 그러나 오직 한 사람만 죽으셨다. 그분이 모든 사람을 위해 죽으셨고, 모든 사람을 대신하여 죽으셨다(우리말 개역개정에는 '대신하여'로 번역되어 있지만, 저자가 인용한 NIV에는 '위해'로 되어 있다-역주).

둘째, "그런즉 모든 사람이 죽었다." 물론 우리 모두가 문자적으로 죽었다는 말이 아니라 그리스도와 연합하여 그분의 죽음에 동참했다는 말이다. 그분의 죽음은 우리의 죽음이 되었다. 우리가 그분과 함께 죽어 옛 생활을 마감한 것이나 마찬가지이다.

셋째, "그분은 다시 살아나셨다." 그분의 죽음은 부활로 이어졌고, 우리도 그분과 함께 다시 살아났다. 그분과 '함께' 죽었을진대(14절) 이제 그분과 '함께' 살아난 존재이기 때문이다(15절).

넷째, 그분이 죽으시고 다시 사신 것은 "살아 있는 자들로 하여금 다시는 그들 자신을 위하여 살지 않고 오직 그들을 대신하여 죽었다가 다시 살아나신 이를 위하여 살게 하려 함이다." 우리가 그분을 위해 살도록 그분은 우리를 위해 죽으시고 살아나셨다.

그리스도의 사랑에는 항거할 수 없는 논리가 있다. 우리가 그리스도께 속한 사람이라면 오늘 우리는 새 생명을 살고 있는 것이다. 그 생명은 십자가에서 우리를 위해 자신을 내어주시고 죽은 자 가운데서 살아나신 그분의 사랑에 전적으로 힘입은 것이다. "그리스도의 사랑이 우리를 강권하시는" 이유는 바로 그리스도의 죽음과 부활의 진리를 "우리가 생각(확신)"하기 때문이다(14절). 이제 와서 우리가 자신을 위해 산다는 것은 생각할 수 없는 일이다. 어떻게 그럴 수 있는가? 그분께 새 생명을 빚진 자이기에 우리는 의당 그분을 위해 살아야 한다. 그리스도의 사랑이 우리를 가두어 다른 대안을 남기지 않는다.

우리가 그리스도를 위해 살아야 하는 새로운 삶은 많은 형태를 띠는데, 그중에서 주된 몇 가지를 살펴보려 한다.

그리스도를 위한 순종

이미 살펴본 것처럼 우리는 주인이신 그리스도의 권위 '아래' 있고, 그분의 가르침이라는 견고한 기초 '위에' 우리의 삶을 세운다. 이제 우리는 그리스도인의 순종의 이론적 근거를 이해할 준비가 되었다. 그것은 순종을 명하시는 분의 독특성에 있다. 그리스도인의 순종은 그리스도를 '위한' 것이다.

어부 시절의 시몬 베드로가 좋은 예이다. 갈릴리 호숫가에 뿌옇게 먼동이 틀 무렵이었을 것이다. 호수에서 어부로 동업하던 베드로와 야고보와 요한은 밤새 고기를 하나도 잡지 못한 채 호반에서 맥없이 그물을 씻고 있었다. 예수님은 시몬의 배를 빌려 띄우고 그것을 강단으로 삼아 사람들을 가르치신 후에 시몬에게 "깊은 데로 가서 그물을 내려 고기를 잡으라"고 이르셨다. 시몬은 "선생님, 우리들이 밤이 새도록 수고하였으되 잡은 것이 없습니다"라고 항변했다. 어부로서 아버지에게 배우고 고된 경험으로 다져온 전문 지식으로 그분의 제안에 저항한 것이다. 그가 보기에 예수님은 얼토당토않은 명을 내리신 것이다. 만일 형제 안드레나 동업자인 야고보나 요한이나 다른 멍청이가 그런 말을 했다면 그는 가서 머리를 검사해보라고 말했을 것이다. 그러나 말한 사람은 그들이 아니라 예수님이었고, 왠지 그것으로 모든 것이 달라졌다. 사실상 시몬 베드로는 예수님께 이렇게 말했다. "주님, 다른 사람이 시켰다면 안 할 것입니다. 하지만 주님이 제게 명하시니 그물을 내려보겠습니다." 결과는 우리가 아는 대로이다. 그물이 찢어질 정도로 고기가 많이 잡혀 다른 배를 불러야 했고 결국 두 배 모두 고기의 무게로 가라앉기 직전이 되었다(참고. 눅 5:1-11).

그리스도인의 순종은 다른 모든 순종과 다르다. 그것은 노예나 군인의 순종이 아니라 본질상 사랑의 순종, 즉 명령하신분을 알고 신뢰하고 사랑하는 사람의 순종이다. 예수님이 순종을 요구하시면서 그것을 설명하시고 정당화하시는 방식을 요한은 그렇게 기록하고 있다.

> 너희가 나를 사랑하면 나의 계명을 [가지고] 지키리라. … 나의 계명을 지키는 자라야 나를 사랑하는 자니 나를 사랑하는 자는 내 아버지께 사랑을 받을 것이요 나도 그를 사랑하여 그에게 나를 나타내리라. … 사람이 나를 사랑하면 내 말을 지키리니 내 아버지께서 그를 사랑하실 것이요 우리가 그에게 가서 거처를 그와 함께하리라(요 14:15, 21, 23).

고백컨대 이 말씀은 내가 가장 좋아하는 성경 말씀으로 자주 내게 격려와 도전을 준다. 예수님은 제자들이 그분을 사랑하되 부모와 자녀와 배우자와 형제자매보다 더 사랑할 것을 당연히 여기신다(참고. 마 10:37; 눅 14:26). 예수님은 우리의 전 존재를 다해 하나님을 첫째로 사랑하는 것이 구약성경의 명령임을 익히 아시면서도 제자들이 자신에게 최고의 사랑을 바치기를 바라신다. 그뿐 아니라 그분은 우리가 그 사랑을 어떻게 표현하기를 원하시는지도 분명히 밝히신다. 우리가 그분께 사랑을 표현하는 주된 방식은 충성을 맹세하거나 감정에 겨워 '헌신의 찬송가'를 부르는 것이 아니라 그분의 계명을 "가지고"(즉 그분의 가르침에서 계명들을 찾아 마음속에 간직하고) 그것을 "지키는"(순종하는) 것이라야 한다. 나아가 예수님은 순종으로 사랑을 입증하는 제자에게 특별한 약속을 주신다. "나도 그를 사랑하여 그에게 나를 나타내리라"(21절). 또 "내 아버지께서 그를 사랑하실 것이요 우리가 그에게 가서 거처를 그와 함께하리라"(23절). 이보다 풍성한 약속은 생각하기 힘들 것이다. 그리스도는 자신을 사랑하는 사람들에게, 아버지와 같이 와서 그들과 함께 거하며 그들에게 자신을 나타내겠다고 약속하신다. 사랑의 시험은 우리의 순종이요, 사랑의 보상은 예수 그리스도께서 자신을 계시해주시는 것이다.

모든 그리스도인의 삶에 그리스도께 불순종하려는 깊은 유혹이 찾아올 때가 있다. 그분이 명하시는 바가 우리의 마음에 들지 않아서일 수도 있고 왜 그런 것을 명하시는지 이해가 되지 않아서일 수도 있다. 내가 더 잘 안다는 생각 때문일 수도 있고 명하신 내용이 시류에 맞지 않기 때문일 수도 있다. 바로 그럴 때 우리는 순종의 배후 근거를 떠올려야 한다. 그리스도의 사랑이 우리를 강권하고 있고, 그분을 향한 우리의 사랑은 그래서 싹텄다. 명하시는 분이 그분이기에 우리는 '그분을 위해' 기쁨으로 즉시 순종한다.

그리스도를 위한 선교

이제 고린도후서 5장으로 다시 돌아가 그 장의 마지막 두 구절을 살펴보아야 한다.

그러므로 우리가 그리스도를 대신하여 사신이 되어 하나님이 우리를 통하여 너희를 권면하시는 것같이 그리스도를 대신하여 간청하노니 너희는 하나님과 화목하라. 하나님이 죄를 알지도 못하신 이를 우리를 대신하여 죄로 삼으신 것은 우리로 하여금 그 안에서 하나님의 의가 되게 하려 하심이라(고후 5:20-21).

두 구절은 선명한 대조를 이루고 있다. 신약성경 전체에서 가장 감격스런 표현 중 하나인 21절을 보면, 실제로 하나님이 죄 없는 그리스도를 죄로 삼아 십자가에서 우리의 죄를 담당하게 하신 것은 바로 "우리를 위해서 *huper hēmōn*"이다(역시 개역개정에는 모두 '대신하여'로 되어 있다-역주). 그런데 20절을 보면, 거꾸로 우리가 사신이 된 것은 "그리스도를 위해서 *huper Christou*"이고 사람들을 권면하여 하나님과 화목하게 하신 것도 "그리스도를 위해서"이다(같은 표현이 반복된다). 이렇듯 그리스도께서 우리를 위해 행동하셨기에 이제 우리는 그분을 위해 행동한다. 그리스도께서 우리를 위해 십자가를 지셨듯이 우리도 그분을 위해 선교를 감당한다. 이러한 개념은 '누구든지 나와 복음을 위하여 자기 목숨을 잃으면 구원하리라"(막 8:35)고 하신 예수님 자신의 가르침으로 거슬러 올라간다. 1885년부터 1906년까지 엑세터의 주교를 지낸 에드워드 비커스테스가 쓴 감동적인 선교의 찬송시에 그것이 잘 담겨 있다.

나와 복음을 위하여 가서
구원의 이야기를 전하라.
사신들은 주께 대답했네.
"아멘, 모든 영광 주님께!"
주 위하여 세상을 버리고
주의 탄생과 삶과 십자가
그 구속의 사랑과 부활
왕위에 앉으심을 전하네.

오늘날 세계 도처의 교회에서 전도의 개념이 송두리째 관심 밖으로 밀려났기에, 또한 차마 예수 그리스도의 열렬한 증인이라 말할 수 없는 그리스도인들이 대다수이기에, 우리는 선교의 동기가 무엇인가 하는 문제를 반드시 숙고해야 한다. 우리가 친척들과 친구들을 그리스도께 인도하려는 열망을 품어야 하는 이유는 무엇인가? 타문화권에 복음을 전하는 사신들은 다른 종교를 신봉하는 사람들을 그리스도께 회심시키려는 자신의 노력을 어떤 근거로 정당화할 수 있는가? 사도들이라면 이런 질문에 어려움이나 망설임 없이 답했을 것이다. 그리스도인의 모든 선교는 '그리스도를 위해' 수행하는 것이다.

바울은 로마서 첫머리에서 자신은 이방인들이 믿어 순종하게 하고자 예수 그리스도로부터 "은혜와 사도의 직분"을 받되 "그의 이름을 위하여" 받았다고 썼다(롬 1:5). 사도 요한도 최초의 선교사들을 비슷한 말로 묘사했다. 그는 그들이 "주의 이름을 위하여" 나갔다고 썼다(요삼 1:7). 원문에는 누구의 이름인지 나와 있지 않지만 그것은 굳이 필요치 않다. 말하지 않아도 우리는 안다. 그것은 모든 이름 위에 뛰어난 이름 곧 예수 그리스도의 이름이다. 모든 세대의 그리스도인 선교사들은 그 이름을 위하여 고국을 등지고 다른 문화에 동화하여 위험과 질병과 죽음을 감수했다. 그들의 근본적인 동기는 언제나 예수 그리스도의 이름이 합당한 대우를 받는 것이었고 지금도 그렇다.

여러 선교사들의 전기를 읽어보았지만 이런 면에서 헨리 마틴Henry Martin의 삶보다 더 좋은 예를 보지 못했다. 1805년에 영국을 떠나 인도에 간 그는 나중에 이란으로 옮겨 거기서 예수 그리스도의 사신이 되었다. 케임브리지의 훌륭한 학자였던 그는 힌디어와 페르시아어로 신약성경을 번역했다. 그 두 언어를 사용하는 무슬림들에게 그리스도의 기쁜 소식을 전하기 위해서였다. 그리스도인으로서 그의 헌신은 어찌나 강렬하고 뜨거웠던지 예수님을 욕하는 말을 들으면 자신을 찌르는 비수로 느낄 정도였다. 그가 31세의 나이로 요절하기 1년 전쯤에 시라즈에서 누군가 그의 면전에서 이런 말을 했다. 페르시아 왕세자가 전투에서 러시아 그리스도인들을 하도 많이 죽여서 그리스도가 무함마드의 옷자락을 붙들고 중단을 애원했다는 것이었다. 그리스도께서 무함마드 앞에 무릎을 꿇었다니 그것은 어이없다 못해 충격적인 발언이었다. 그 일에 대해 헨리 마틴은 일기에 이렇게 썼다. "신성을 모독하는 그 말이 내 영혼을 찔렀다. 예수님이 영광받지 못하신다면 나는 견딜 수 없다. 그분이 늘 그렇게 욕을 입는다면 그것은 내게 지옥과 같다."[1]

그의 글을 처음 읽었을 때 내가 느낀 놀람과 부끄러움이 지금도 기억에 선하고, 오늘까지도 그대로 남아 있다. 나는 예수님을 욕한 것이 나를 욕한 것으로 느껴질 정도로 그리스도께 철저히 동화되어본 적이 한 번도 없었기 때문이다. 그럼에도 나는 헨리 마틴의 말을 이해할 것 같다. 또 우리 자신에게도 동일한 원리를 적용해야 한다고 확신한다. 우리가 조금이라도 멀리 떠나 타문화권 선교사가 되지 않고 그냥 고국에 남아 있더라도 마찬가지이다. 우리의 친척들과 친구들 중에는 예수 그리스도를 모르는 사람들이 있다. 우리의 직장에도 예수님과 남남인 동료들이 있다. 내가 살고 있는 런던에만 해도 그리스도를 알지도 못하고 인정하지도 않는 수백만에 이르는 사람들이 거리를 걷고 혼잡 시간에 만원 버스와 지하철에 몸을 싣는다. 그들은 그분의 이름을 존중하고 높이는 것이 아니라 오히려 모욕하고 짓밟는다. 그럴 때 우리는 기분이 어떤가? 관심은 있는가? 합당한 영광을 받지 못하시는 그분으로 인해 우리 심령은 털끝만큼이라도 아픔을 느끼는가? 그리스도의 이름을 높이려는 그 열정과 '질투'야말로 그리스도인이 행하는 모든 선교의 가장 강하고 높고 숭고한 동기이다.

그리스도를 위한 고난

예수님은 제자들에게 자신을 위해 순종하고 전도할 것을 기대하신 것처럼 또한 자신을 위해 고난받을 것을 기대하셨다. 그런데 이런 개념을 알지 못하는 사람들이 많이 있다. 그렇더라도 이것은 반박할 수 없는 사실이며, 친히 그리스도의 입에서 나온 두 말씀이 충분한 예가 된다. 하나는 산상수훈에 나오는 여덟 번째 복이고, 또 하나는 그분이 사역 말기에 들려주신 이른바 '종말론 강화'에 등장한다.

> 의를 위하여 박해를 받은 자는 복이 있나니 천국이 그들의 것임이라. 나로 말미암아 너희를 욕하고 박해하고 거짓으로 너희를 거슬러 모든 악한 말을 할 때에는 너희에게 복이 있나니 기뻐하고 즐거워하라(마 5:10-12).

> 그때에 사람들이 너희를 환난에 넘겨주겠으며 너희를 죽이리니 너희가 내 이름 때문에 모든 민족에게 미움을 받으리라(마 24:9).

예수님의 이러한 예언은 충분히 성취되었고, 그 이야기가 사도행전에 나온다. 예를 들어 베드로와 요한은 우선 채찍질을 당한 뒤에 더 이상 예수의 이름으로 말하지 말라는 엄명을 받았으나 "**그 이름을 위하여** 능욕받는 일에 합당한 자로 여기심을 기뻐하면서" 유대인의 공회 앞을 떠났다(행 5:40-41). 그리스도를 위하여 가장 눈에 띄게 고난을 받은 이는 사도 바울이다. 그가 회심한 직후에 예수님은 아나니아를 통해 "그가 **내 이름을 위하여** 얼마나 고난을 받아야 할 것을 내가 그에게 보이리라"(행 9:16) 하고 메시지를 보내셨다. 구브로와 갈라디아로 제1차 선교여행을 다녀온 바울과 바나바를 가리켜 성경은 "**우리 주 예수 그리스도의 이름을 위하여** 생명을 아끼지 아니하는 자"라고 표현했다(행 15:26).

바울도 자신의 고난을 그와 비슷하거나 동일한 표현으로 기술했는데, 몇 가지 예를 들면 다음과 같다.

> 우리는 그리스도 때문에(**그리스도를 위하여**, RSV) … 비천하여(고전 4:10).
> 우리 살아 있는 자가 항상 **예수를 위하여** 죽음에 넘겨짐은(고후 4:11).
> 내가 **그리스도를 위하여** 약한 것들과 능욕과 궁핍과 박해와 곤고를 기뻐하노니(고후 12:10).
> 나는 **주 예수의 이름을 위하여** 결박당할 뿐 아니라 예루살렘에서 죽을 것도 각오하였노라(행 21:13).

나아가 바울은 자신이 경험한 일이 적어도 어느 정도는 모든 그리스도인들의 공통된 운명이 될 것으로 보았다. 사실 그는 그리스도를 믿는 믿음과 그리스도를 위한 고난을 하나님이 그 백성에게 주신 한 쌍의 선물로 연결 짓는다.

그리스도를 위하여 너희에게 은혜를 주신 것은 다만 그를 믿을 뿐 아니라 또한 그를 위하여 고난도 받게 하려 하심이라(빌 1:29).

오늘날에도 믿음과 고난이라는 이 두 선물을 함께 받은 그리스도인들이 세계 도처에 많이 있다. 우리가 안전하고 편안한 교회당에 앉아 있는 동안에도 수많은 그리스도인들이 (특히 이슬람권과 공산권에서) 예수 그리스도께 충성한다는 이유로 여러 모양으로 박해와 방해를 받고 있다. 내 친구 하나는 어느 이슬람 국가에서 여러 해 동안 의료 선교사로 섬기고 있는데, 그곳 지역 신문에 기독교 신앙을 신랄하게 공격하는 글이 실렸을 때 그는 이런 글을 썼다. "세상의 오해와 비난과 훼방을 받는 것이 우리 그리스도인들의 운명인가 보다. 가난한 자들과 병든 자들과 눈먼 자들과 영적으로 갈급한 자들은 어려움 속에서 수백 명씩 우리에게 오건만, 일부 똑똑한 자들과 부자들과 부족한 것 없는 자들은 우리를 비방하고 훼방하기에 바쁘다. 주 예수님이 몸으로 그들 가운데 살아계실 때 그분께 그랬던 것처럼 말이다. … **그분을 위해** 침 뱉음을 당하는 것이야말로 세상에서 가장 큰 특권이다. 오 우리가 그 일에 더 합당한 자이기를!"

그리스도인들은 공산 치하에서도 고난을 당했는데, 빈스 일가가 구소련에서 당한 고난이 그 생생한 실례이다. 복음주의 기독침례교회 협의회Council of Evangelical Christian-Baptist Churches 총무인 게오르기 페트로비치 빈스Georgi Petrovich Vins가 쓴 자서전이 《삼대에 걸친 고난Three Generations of Suffering》이라는 제목으로 1976년에 출간되었다.[2] 부모와 빈스 자신과 자녀들이 당한 박해를 상세히 기록한 책이다. 그의 아버지 페테르 야코블레비치는 1930년대에 시베리아와 극동 지방에서 복음을 전하다 1943년에 수용소에서 죽었고, 그의 어머니 리디아는 1970년과 1971년에 체포되어 재판을 받았다. 그 자신도 1966년부터 1969년까지 옥살이를 했고 1974년에 다시 체포되었다. 같은 해 4월에 그의 네 자녀는 크렘린의 코시진과 포드고르니에게 간절한 진정서를 보내, 아버지를 석방해 줄 것을 탄원하면서 지금 자신들도 이전에 조부모와 부모가 당했던 것처럼 억압당하고 있음을 밝혔다.[3] 그러나 그 진정서는 무시되었다. 1975년 1월에 빈스는 5년 징역에 이어 5년 유배를 선고받았고, 이어 그의 아들 페테르도 1년 동안 감옥에 갇혔다. 형기를 마친 빈스는 1979년 4월에 소련에서 추방되어 미국의 미등록 침례교단에서 사역을 계속했다. 그로부터 10년도 더 지난 1990년에 글라스노스트의 신기류 속에서 게오르기 빈스는 알렉산드르 솔제니친을 비롯한 러시아의 다른 망명자들과 함께 소련 시민권을 되찾았다.

빈스 일가가 3대에 걸쳐 그런 무자비한 박해를 견딜 수 있었던 힘은 무엇인가? 게오르기 빈스 목사의 대답을 직접 들어보자. 그는 모세가 "그리스도를 위하여 받는 수모를 애굽의 모든 보화보다 더 큰 재물로 여겼으며" 또한 "하나님의 백성과 함께 고난받기를 잠시 죄악의 낙을 누리는 것보다 더 좋아했다"는 히브리서 11장 24-26절 말씀을 인용하면서 이렇게 썼다. "이것은 아버지가 가장 좋아하시던 말씀이다. 당시에 러시아의 많은 그리스도인들이 그랬듯이 아버지도 일시적인 낙과 이 땅의 보화를 누리는 것보다 하나님의 백성과 함께 고난받고 그리스도로 인해 비방을 듣는 것이 더 낫다는 성경의 진리를 깊이 알고 있었다."[4] 빈스는 네 번째 생일 때 아버지가 수용소에서 보내온 시 한 편을 평생 소중히 간직했다. "죄수 아버지가 네 살 난 아들에게 주는 성스러운 신앙의 서약이 그 안에 담겨 있기 때문"이다. 그 시의 한 연을 소개하면 다음과 같다.

주님의 이름을 위한 고난을
지금은 네가 본의 아니게 당하나
나는 네가 그리스도의 가시밭길을
자원하여 택하기를 기도한다.

빈스 일가는 과연 그렇게 했고, 온 세상의 교회가 지금까지 그들의 충절과 용기를 칭송하고 있다.

영국의 그리스도인들에게 실제로 조직적인 물리적 폭력이 마지막으로 가해진 시기는 아마도 구세군이 그 이름으로 불린 직후인 1880년에서 1884년 사이였을 것이다. 그때 구세군 신자들이 겪은 잔인한 폭행을 리처드 콜리어Richard Collier는 이렇게 기록했다.

선술집 주인들과 매음굴 실세들은 구세군이 자기네 영역의 한복판에 깊숙이 파고든 것을 인식하고는 온 힘을 다해 야만적인 반격에 돌입했다. … 구세군은 "그리스도인이 되려는 사람은 십자가형을 각오해야 한다"는 스페인 속담이 처절한 진리임을 실감했다. … 화이트채플의 아가씨들은 가축 떼처럼 밧줄에 줄줄이 묶인 뒤 불붙은 석탄으로 팔매질을 당했다. 캄캄한 밤이면 깡패들이 행진하는 신자들에게 스프링클러를 사용해 타르와 불타는 유황을 뿌렸다. (…)

윌리엄 부스는 사람들이 가장 노리는 대상이었다. 한번은 중부 지방을 순회하던 중에 길가의 한 불량배가 그에게 침을 뱉자 부스는 걱정하는 부관을 말리며 "닦지 마시오. 이것은 메달입니다!"라고 말했다.

1882년 한 해 동안에만 폭도들은 구세군 신자 669명을 때려눕히거나 잔인하게 구타했고 건물 60채를 사실상 완전히 파괴했다.

영국 경찰이 못 본 척하는 사이에 폭도들은 갈수록 더 뻔뻔해졌다. 소위 '해골군Skeleton Army' 조직은 랭카셔 올드햄에서 아가씨들을 무자비하게 발길로 걷어찬 100명의 깡패들이 주동했지만, 구세군을 혐오하는 마음은 바이러스처럼 몇 주 만에 전국으로 퍼져나갔다. 해골군이 가입 신청을 받기 시작하자 양조업자들과 선술집 주인들이 대거 몰려들었다. … 그들은 두개골 밑에 대퇴골 두 개가 교차된 휘장을 가져다가 고릴라와 쥐와 심지어 사탄 등 괴상한 기호들을 새겨 넣었고 해골군이라는 이름도 거기서 따왔다. (…)

1880년대에 구세군은 자녀를 하나님께 바치는 신자들에게 이렇게 말했다. "여러분은 하나님이 자녀를 어디로 보내시든 그들이 평생 구세군 안에 살면서 그리스도를 위해 멸시와 미움과 저주와 구타와 발길질과 투옥과 죽임을 당할 수 있다는 각오가 되어 있어야 합니다."[5]

그러나 이 모두는 이미 한 세기도 더 지난 일이며, 오늘의 영국은 완전히 딴 세상에 있는 것 같다. 이제 교회는 박해받기보다는 무시당하고 있다. 교회의 혁명적인 메시지는 안락한 신도시의 부르주아들이 믿는 무력한 신조로 전락하고 말았다. 더 이상 아무도 그것을 박해하지 않는다. 박해할 만한 것을 말하지도 않고 행하지도 않기 때문이다. 개인적으로 나는 만일 우리 그리스도인들이 타협을 줄인다면 틀림없이 고난이 많아질 거라고 확신한다. 만일 우리가 그리스도께서 죄인들을 위해 십자가에 못 박히셨고 구원이 전적으로 값없이 받는 과분한 선물이라는 원색적인 복음을 굳게 붙든다면, 십자가는 교만한 사람들에게 다시 한 번 걸림돌이 될 것이다. 만일 우리가 예수님의 높은 도덕 기준, 즉 타협할 수 없는 정직과 양심, 혼전 순결, 부부의 정절, 값비싼 희생을 요하는 사랑을 그대로 지킨다면, 교회가 청교도주의로 회귀했다는 대중의 항의가 빗발칠 것이다. 만일 우리가 삶과 죽음, 구원과 심판, 천국과 지옥 같은 양자택일의 길을 다시금 당당히 노골적으로 말한다면, 세상은 그런 '구닥다리 쓰레기'에 대항해 분노로 일어날 것이다. 물리적인 폭력과 투옥과 죽음이 오늘날 서구 그리스도인들의 운명은 아닐지 모르지만, 그래도 예수 그리스도께 충절을 다하면 의심의 여지없이 조롱과 배척이 따라올 것이다. 그렇더라도 우리는 고난당하시는 그리스도의 제자들이기에 그것은 놀랄 일도 아니고 불쾌하게 여길 일도 아니다. 도리어 우리는 '그분을 위해' 살고 고난받고 죽는 것을 특권으로 여길 수 있는 은혜를 구해야 한다.

십자가가 항상 보이는 자리

"그리스도의 사랑이 우리를 강권하시는도다." 우리가 '그분을 위해' 즉각 순종하고, 열심히 증언하고, 고난까지 각오하는 것은 그리스도께 빚진 자라는 깊은 인식에서 비롯된다. '그리스도를 위해' 산다는 것은 늘 십자가가 보이는 곳에서 사는 것이다. 우리에게 이 교훈을 친첸도르프 백작보다 더 잘 가르쳐줄 수 있는 사람은 없다. 잠시 그의 이야기를 소개하고자 한다.[6]

니콜라우스 루트비히 폰 친첸도르프Nikolaus Ludwig von Zinzendorf는 1700년에 드레스덴에서 오스트리아 귀족 집안에 태어났다. 비텐베르크 대학에서 법학을 공부한 후 색슨에서 문관으로 근무하던 그는 헤른후트에 자신을 바치고자 27세라는 이른 나이에 은퇴했다. 헤른후트는 모라비아에서 탈주해오는 신앙인들을 돕기 위해 그가 5년 전에 출범시킨 기독교 공동체였다. 친첸도르프의 삶을 지배한 관심사는 크게 두 가지였다.

첫째는 세계 복음화였다. 아직 학생이던 시절에 그는 다섯 친구와 함께 '겨자씨 선교회'를 설립했는데, 목표는 땅 끝까지 복음을 전하는 것이었다. 회원들은 그리스어로 "아무도 자기를 위해 살지 않는다"는 말이 새겨진 반지를 끼었다. 곧 유명한 성직자들과 정치가들이 선교회에 회원으로 가입했다. 머지않아 헤른후트의 선교사들은 서인도 제도의 노예들, 그린란드의 에스키모들, 북미의 원주민들, 남아프리카의 호텐토트족 사람들, 남미의 흑인들에게 기쁜 소식을 들고 나갔다. 친첸도르프가 죽던 해인 1760년에는 북극에서 열대 지방까지, 미주에서 아시아까지 헤른후트가 파송한 선교사 226명이 활동하고 있었다. 구스타브 워네크Gustav Warneck 박사는 "모라비아 교회는 이교도들을 위해 다른 개신교 교단들을 모두 합한 것보다 더 많은 일을 했다"⁷고 평했다. 친첸도르프의 사역은 특히 영국에 큰 의미가 있다. 존 웨슬리가 하나님의 섭리로 모라비아 교도들 덕분에 회심했고 반별 모임, 애찬, 찬송 부르기 등 초창기 감리교의 많은 요소들을 그들에게서 도입했기 때문이다.

친첸도르프의 두 번째 관심사는 교회의 연합이었다. 그는 루터교나 칼뱅교나 성공회나 그 밖의 교단들이 저마다 독특한 강조점을 잃지 않기를 바랐으나 "예수님의 죽음을 심장으로 경험한" 모든 그리스도인들이 모든 교단들을 아우르는 단체나 협회로 연합하는 모습을 간절히 보고자 했다. 그는 '범세계 기독교 교회'를 뜻하는 오이쿠메네oikoumenē라는 그리스어 단어를 처음 사용한 사람일 것이다.⁸

이렇듯 그는 세계 복음화와 교회의 연합이라는 두 가지 일에 헌신했다. 그렇다면 이런 관심은 어디서 기원한 것일까? 그것은 "하나의 지고한 헌신의 발로였으니 곧 하나님의 어린양께 대한 친첸도르프의 억누를 수 없고 양보할 수 없는 단순하고도 모든 것을 포괄하는 헌신"이었다. 그는 "내게 열정은 하나뿐이니 곧 그분, 오직 그분뿐이다"라고 고백했다.⁹ 냉철한 정통 루터교에 대한 반작용으로 등장한 보헤미아의 경건

주의 전통에서 할머니의 손에 자란 그는 어려서부터 예수 그리스도를 사랑했고 열 살도 되기 전에 복음을 전하는 사람이 되기로 결심했다. 그가 가장 중요하게 여긴 것은 자기를 위해 죽으신 구주 예수께 뜨겁고도 인격적인 애정을 바치는 삶이었다.

그의 삶에 영적 위기가 왔다면 그의 나이 열아홉 살 때였다. 법학으로 대학을 갓 졸업한 그는 (18세기의 도든 귀족들이 그랬듯이) 바깥세상으로 나가야 했다. 파리에서 시작해 유럽의 도시들을 돌며 교육을 마치고 '세상의 남자'가 되기 위해서였다. 그런데 그는 이렇게 썼다. "내가 파리로 가는 목표가 세상의 남자가 되는 것이라면 단언컨대 그것은 돈만 낭비하는 것이다. 선하신 하나님이 나를 오직 예수 그리스도만을 위해 살려는 열망 안에 지키실 것이기 때문이다." 그는 뒤셀도르프에서 어느 화랑에 갔다가 17세기 초의 이탈리아 화가 도메니코 페티Domenico Fetti가 예수 그리스도를 그린 수려한 그림에 마음이 사로잡혔다. 지금은 뮌헨에 소장된 〈이 사람을 보라Ecce Homo〉라는 작품으로, 빌라도가 예수님을 채찍질한 후에 무리 앞에 도로 내놓는 장면을 그린 것이다. 예수님은 자주색 옷을 걸치고 가시 면류관을 쓰고 밧줄에 묶여 있다. 친첸도르프는 그 앞에 서서 꼼짝도 하지 못했다. 그리스도의 시선이 그의 심장을 꿰뚫는 것 같았고, 그림의 위아래에 라틴어로 쓰인 그리스도의 말씀은 꼭 그에게 직접 하시는 말씀 같았다.

내 너를 위하여 이렇게 했거늘
너 나를 위하여 무엇하고 있느냐?

A. J. 루이스Lewis는 이렇게 썼다. "그날 거기서 젊은 백작은 십자가에 달리신 그리스도께 자신도 '그 고난에 동참하게' 해달라고, 평생 그분을 섬기며 살게 해달라고 기도했다."[10]

마침 런던의 올 소울즈 교회에도 성찬 탁자 뒤쪽의 동편 벽에 또 다른 〈이 사람을 보라〉가 걸려 있다. 리처드 웨스톨 Richard Westall이 그린 이 그림은 1824년에 이 교회가 창립되었을 때 조지 4세 왕이 보낸 것이다. 그림 속의 그리스도는 자주색 겉옷을 걸치고 손이 묶인 채 가시 면류관을 쓰고 있고, 그분의 머리 주위로 세 개의 손이 있다. 조롱하는 제사장과 병사들의 손인데, 그들은 모두 그분을 보며 손으로 그분을 가리키고 있다. 그들이 경멸과 비웃음으로 한 그 일을 우리는 믿음과 사랑과 경배로 하려 한다. 우리가 하는 모든 사역의 목표는 그분을 증언하는 것이다. 일찍이 친첸도르프가 그 그림 앞에서 그랬듯이 지난 세월 수많은 예배자들이 이 그림 앞에 서거나 무릎을 꿇고 앉아, 주님이 우리에게 큰 사랑을 베푸셨으니 우리도 주님을 위해 살게 해달라고 기도했다.[11]

우리의 모본이신
그리스도처럼
Like Christ our Model

8

"너희는 … 우리와 주를 본받은 자가 되었으니"(살전 1:6). "내가 그리스도를 본받는 자가 된 것같이 너희는 나를 본받는 자가 되라"(고전 11:1). 사도 바울은 초대교회의 두 공동체를 향하여 이렇게 썼다. 첫 번째 말씀은 서술이고, 두 번째 말씀은 권면이다. 그러나 둘 다 우리가 사도들을 본받는 것을 넘어 그리스도를 본받아야 함을 강조하고 있다. 이 주제는 15세기 초에 간행된 토마스 아 켐피스Thomas à Kempis의 영성 고전 《그리스도를 본받아The Imitation of Christ》 덕분에 지난 다섯 세기 동안 전 세계 그리스도인들에게 한결 친숙해졌다. '그리스도를 본받음에 관하여'라는 제목이 붙은 그 책의 첫 장은 이렇게 시작된다. "주님은 '나를 따르는 자는 어둠에 다니지 아니한다'고 말씀하신다. 이는 우리가 정말 빛을 얻어 마음의 모든 눈먼 것에서 자유하려면 그분의 형상을 우리의 삶과 성품의 틀로 삼아야 한다는 말씀이다. 그러므로 우리는 무엇보다 예수 그리스도의 삶을 묵상하려 애써야 한다."

그렇다면 우리는 어떻게 그리스도를 닮을 수 있을까? 피상적인 사람들은 그것이 쉽다고 말할지 모른다. 그러나 토마스 아 켐피스는 그분을 닮으려 하기 전에 먼저 그분을 묵상하라고 말한다. 그분의 독특한 생애를 묵상하는 사람은 그분과 우리 사이의 거대한 간격, 완전함과 죄의 간격을 본다. 아버지와 아버지의 뜻에 일편단심으로 헌신하신 그분을 생각해보라. 아무것도 그분을 딴 길로 돌려놓을 수 없었고, 십자가에서 고통당하고 버림받으신 일도 예외가 아니었다. 반면에 한없이 떠도는 우리의 방황, 고집, 나약하고 맥없는 타협을 생각해보라. 그분의 강인한 자제력과 궁핍한 사람들을 불쌍히 여기시는 자상한 마음을 생각해보라. 우리는 그것을 다른 사람들의 약점에는 냉혹하고 나 자신의 약점에는 관대한 모습으로 변질시킨다. 그분과 우리 사이의 간격은 과연 이을 수 없을 만큼 넓다. 그런 우리가 어떻게 그분을 닮을 수 있을까?

그분은 이렇게 자질에서부터 우리를 훌쩍 앞지르실 뿐만 아니라 공간적으로도 우리와 아주 멀다. 그래서 그분은 우리에게 똑똑히 잘 보이지 않는다. 1세기의 팔레스타인은 21세기의 런던이나 뉴욕이나 라고스나 도쿄와 멀어도 너무 멀다. 자욱한 안개가 우리의 시야를 흐려놓는다.

희미한 시간의 골이
그때와 나를 갈라놓고

변화의 세월 속에서
목소리 낯설기만 하니
나 어찌 주를 따르리오.[1]

그리스도를 닮는 일의 중요성

그러나 이런 분명한 문제, 즉 개인적인 괴리의 문제와 문화적인 차이의 문제에도 불구하고 우리는 이 주제를 포기하고 절망할 자유가 없다. 이 주제에는 우리에게 중대한 영향을 미칠 두 가지 요인이 있기 때문이다.

첫째, 그리스도를 닮은 모습은 **하나님이** 우리에게서 보기 원하시는 바다. 인생이란 무엇이고 예수 그리스도는 왜 이 세상에 오셔서 사시고 죽으시고 부활하셨으며 하나님이 BC와 AD를 통틀어 기나긴 역사를 통해 하시려는 일이 무엇인지를 짤막하게 한 문장으로 압축해야 한다면, 이보다 더 명징한 설명은 찾기 어려울 것이다. 즉 **하나님은 인간을 인간답게 하시려고 그리스도를 닮게 하시는 중이다.** 애초에 하나님은 우리를 자신의 형상대로 지으셨지만 우리가 불순종으로 그것을 더럽히고 왜곡했기 때문이다. 지금 그분은 그것을 회복하느라 바쁘시며, 그 회복이란 곧 우리로 그리스도를 닮게 하시는 것이다. 그리스도는 완전한 인간이자 하나님의 완전한 형상인 까닭이다(참고. 골 1:15; 고후 4:4).

적어도 이것이 신약성경에서 그리스도의 사도들이 하나님의 점진적 목표에 대해 설명한 내용이다. 우선 예정의 문제에서 그분의 목표는 그것이다. 여기서 하나님의 예정의 교리가 불러일으키는 신학적·도덕적 문제들이라는 곁길로 빠질 필요는 없다. 다만 하나님의 **예정**이라는 은혜에 대해 성경에 명시된 목표를 보는 것만으로 충분하다. "하나님이 미리 아신 자들을 또한 그 아들의 형상을 본받게 하기 위하여 미리 정하셨으니 이는 그로 많은 형제 중에서 맏아들이 되게 하려 하심이니라"(롬 8:29). 또 그리스도인의 삶을 시작하는 문제에서도 동일한 목표를 볼 수 있는데, 그 시작을 흔히 인간의 관점에서는 **회심**(죄를 등지고 그리스도께로 돌아섬), 하나님의 관점에서는 **중생**(그분이 우리에게 거듭남과 새 생명을 주심)이라 한다. 이러한 체험의 근본적인 특성은 무엇인가? 우리가 "하나님을 따라(닮아) 의와 진리의 거룩함으로 지으심을 받은"(엡 4:24) 또는 "자기를 창조하신 이의 형상을 따라 … 새롭게 하심을 입은" 새 사람이 되는 것이다(골 3:10).

그리스도인의 삶을 지속하는 영역에서도 그 특성과 목표는 본질상 시작과 동일하다. 그것은 갓난아기가 성장하고 꽃눈이 활짝 피어나고 씨앗이 결실하는 것이기 때문이다. 거룩하게 자라가는 과정을 우리는 흔히 **성화**라 한다. 하지만 그리스도를 본받는 것을 빼면 무엇이 거룩함이란 말인가? 우리는 "예수 그리스도께서 사신 것처럼 사는"(요일 2:6 GNB) 법을 배워야 한다. 나아가 우리가 흔히 천국이라 부르는 최후의 상태는 어떤가? 사도들은 우리가 천국에 대해 아는 바가 많지 않다고 말한다. 최후의 영광은 우리의 이해를 훌쩍 넘어선다. "우리가 … 장래에 어떻게 될지는 아직 나타나지 아니하였다". 그러나 최후에 영광을 얻은 우리가 어떠할지 아직 자세히 모를지라도 우리가 아는 것이 있다. "그가 나타나시면 우리가 그와 같을 줄을 아는 것은 그의 참모습 그대로 볼 것이기 때문"이라고 요한은 말한다(요일 3:2). 바울도 비슷하게 "우리가 흙에 속한 자의 형상을 입은 것같이 또한 하늘에 속한 이의 형상을 입으리라"(고전 15:49; 참고. 빌 3:21)고 말한다.

현대의 학자들 사이에는 신약성경에서 수십 가지 상이한 신학을 찾아내는 풍조가 있다. 그러나 그런 풍조와는 반대로, 보란 듯이 하나로 수렴되는 위의 말씀들이 신기하지 않은가? 하나님의 전체적인 목표(과거의 영원 속에 태동되어, 역사 속에서 그분의 백성을 위해 그들 안에 이루어져왔고, 장차 올 영광 중에 완성될)는 **하나님이 우리로 그리스도를 닮게 하려 하신다**는 한 가지 개념으로 압축할 수 있다. 영원한 예정과 최초의 회심과 지속적인 성화와 최후의 영화 가운데 무엇을 생각하든 부각되는 주제는 동일하다. 각 단계마다 예수 그리스도를 '본받음' 혹은 그분의 '형상'이 언급된다. 완성된 구원이란 바로 그분과 같아지는 것이다. 지혜는 어린 아기와 젖먹이들의 입에서 들려올 때가 많은데, 이 내용도 아이들의 노래 속에 들어 있다.

예수님처럼, 예수님처럼

예수님처럼 되고 싶어요.

사랑하는 나의 예수님

나 날마다 예수님처럼

그렇게 자라고 싶어요.

그리스도를 닮는 일의 막중한 중요성을 보여주는 두 번째 논거가 있다. 그리스도를 닮은 모습은 하나님이 그 백성에게서 보기 원하시는 바일 뿐 아니라 또한 **지켜보는 세상이** 보기 원하는 바다. 그리스도인들의 입술에 늘 예수 그리스도의 이름이 있기 때문이다. 우리는 그분을 말하고 그분을 노래하고 그분께 기도하고 그분을 증언한다. 따라서 세상은 그토록 우리의 입을 떠나지 않는 예수님을 우리 안에서 볼 권리가 있다. 사실 우리의 주장과 행위 사이의 괴리, 우리가 말로 선포하는 그리스도와 행동으로 보이는 그리스도 사이의 널따란 간격만큼 기독교의 증언을 방해하는 것은 없다.

어디에서나 그렇지만 그중에서도 이것이 가장 극명하게 나타나는 곳은 비기독교 문화가 지배적인 나라들이다. 그런 상황일수록 예수님을 따른다고 고백하는 사람들과 그러지 않는 사람들 사이에 차이가 명명백백하게 나타나야 한다. 그럴 때 사람들은 그리스도께 끌리고, 그러지 못할 대 그들은 반발한다. 일례로 인도를 생각해보라. 미국의 감리고 선교사인 고

스탠리 존스Stanley Jones 박사가 겪은 다음과 같은 일들이 좋은 예다. "라빈드라나트 타고르 박사의 형제인 인도의 원로 철학자 바라 다다Bara Dada는 통찰력이 뛰어나면서도 성품이 온화한 사람"인데 한번은 그가 스탠리 존스에게 이렇게 말했다. "예수는 이상적이고 훌륭하지만 당신네 그리스도인들은 그분을 닮지 않았군요." 또 한번은 교육학 분야의 어느 힌두교 연사가 인도 남부에서 교육학자들을 대상으로 강연하던 중에 이렇게 말했다. "여러분 중에 그리스도인들이 상당수 있을 줄로 압니다. 종교에 대한 강의는 아닙니다만 잠시 시간을 내서 꼭 하고 싶은 말이 있습니다. 여러분 그리스도인들이 예수 그리스도처럼 된다면 인도는 내일 당장 여러분 앞에 무릎을 꿇을 것입니다." [2]

 그렇다고 그리스도인들이 힌두교, 불교, 이슬람교 문화의 국가들에서만 그리스도를 닮으면 된다는 말이 아니다. 이른바 기독교 국가들에서도 그것은 절실히 필요하다. 그리스도의 이름이 불리는 곳마다 사람들은 그분을 보기 원한다. 그러므로 누구든지 그분의 이름을 부르는 사람은 그분을 닮고 본받을 책임이 있다. 수넨스Suenens 추기경도 몇 년 전에 뉴욕 시에서 강연할 때 바로 그 점을 강조했다.

 알게 모르게 사람들이 교회에 기대하는 것은, 오늘날 교회가 그들에게 복음을 보여주는 것입니다. 우리 시대의 사람들은 지금 현재 살아계신 그리스도를 만나기 원합니다. 그들은 자기 눈으로 그분을 보고 자기 손으로 그분을 만지기 원합니다. 어느 날 빌립을 찾아왔던 순례자들처럼 그들도 우리에게 "우리가 예수를 뵈옵고자 하나이다"라고 말합니다. 우리 시대의 사람들은 그리스도를 대면하여 만나기를 원합니다. 우리 그리스도인들이 당면하고 있는 도전은 그들이 우리 각자에게 우리 안에 있는 그리스도를 보자고 요구한다는 것입니다. 그들은 햇빛을 투과시키는 유리판처럼 우리가 그리스도를 선명히 반사하기를 원합니다. 우리 안에 불투명하고 때 묻은 부분이 있다면 그 때문에 그리스도의 얼굴이 일그러집니다. 불신자들이 우리를 비난하는 것은 우리가 그리스도인이어서가 아니라 충분히 그리스도인답지 못해서입니다. 그리스도인다워야 할 우리가 그렇지 못한 것이야말로 정말 비극입니다.[3]

지금까지 살펴본 대로 우리는 하나님의 목표 때문에 그리고 세상의 기대 때문에 마땅히 그리스도를 닮아야 한다. 이제 우리가 어떻게 그분처럼 자라가도록 되어 있는지 성경을 통해 배울 준비가 되었다. 여기 바울이 고린도 그리스도인들에게 준 가르침이 있다.

우리가 다 수건을 벗은 얼굴로 거울을 보는 것같이 주의 영광을 보매 그와 같은 형상으로 변화하여 영광에서 영광에 이르니 곧

주의 영으로 말미암음이니라(고후 3:18).

이 말씀에서 곧바로 눈에 띄는 것은 '주'와 '주의 영', 즉 삼위일체 하나님의 제2위와 제3위가 나란히 언급되어 있다는 점이다. 사실 이 말씀은 성령의 사역을 성자의 인격과 연결하고 있다. 그런 문맥에서 해석할 때 본문은 성령께서 가장 기뻐하시는 두 가지 일을 보여준다. 하나는 우리에게 그리스도의 영광을 보이시는 일이고, 또 하나는 우리를 그리스도의 형상으로 변화시키시는 일이다.

성령은 우리에게 그리스도의 영광을 보여주신다

지금 바울은 고린도의 독자들에게 모세가 십계명을 들고 시내 산에서 내려올 때 있었던 일을 상기시킨다. 모세는 주 하나님과 대화하고 나서 하늘의 영광으로 얼굴이 빛났고(출 34:29-35), 사람들은 모세의 빛나는 얼굴을 보고 두려워 가까이 가지 못했다. 그래서 모세는 그들이 영광 때문에 눈이 부시거나 두려워하지 않게 하고 또 (바울이 덧붙인 대로) 없어질 영광의 결국을 주목하지 못하게 하려고 얼굴에 수건을 썼다(고후 3:13). 수건 때문에 그들에게는 주의 영광이 가려졌다. 모세는 주께서 임재하시는 회막에 들어가 그분과 대화할 때만 수건을 벗었다.

사도는 자기 시대의 상황이 바로 그와 같다고 보았다. 주의 영광은 여전히 사람들에게 가려져 있어 그들은 그것을 보지 못했다. 사도들이 복음을 가렸기 때문이 아니다. 사도들은 복음을 가린 일이 없으며, 영광을 가린 "모세가 … [한] 것같이 아니"했다(13절). 반대로 사도들은 하나님의 영광스러운 복음을 공공연히 "담대히" 전했다(12절). 그러므로 사람들이 보지 못한 이유는 복음이 가려졌기 때문이 아니라 그들의 마음과 생각을 가리는 수건이 있었기 때문이다. 바로 그것 때문에 그들은 예수 그리스도 안에 있는 하나님의 영광을 보지 못했으며, 그것은 유대인이나 이방인이나 다를 바 없었다.

바울은 먼저 유대인 불신자들부터 이야기한다.

그러나 그들의 마음이 완고하여 오늘까지도 구약을 읽을 때에 그 수건이 벗겨지지 아니하고 있으니 그 수건은 그리스도 안에서 없어질 것이라. 오늘까지 모세의 글을 읽을 때에 수건이 그 마음을 덮었도다. 그러나 언제든지 주께로 돌아가면 그 수건이 벗겨지리라. 주는 영이시니 주의 영이 계신 곳에는 자유가 있느니라(고후 3:14-17).

14절과 15절에 나타나는 반복은 강조하기 위한 것이다.

오늘까지도 구약을 읽을 때에 그 수건이 벗겨지지 아니하고 있으니(14절).

오늘까지 모세의 글을 읽을 때에 수건이 그 마음을 덮었도다(15절).

그들의 문제는 무지가 아니라 눈먼 것이었다. 그들은 구약을 읽으면서도 구약이 증언하는 예수 그리스도를 보지 못한다. 눈을 덮은 수건이 그대로 남아 있다. "그 수건은 그리스도 안에서(즉 그분을 구약의 성취로 보고 인정할 때에만) 없어질 것"(14절)이기 때문이다. 또 모세의 경우처럼 "언제든지 주께로 돌아가면 그 수건이 벗겨진다"(16절). 계속해서 바울은 자신이 인용하는 출애굽기 34장의 '주'가 곧 '영'이며 "주의 영이 계신 곳에는 자유가 있다"고 말한다(17절). 성령은 예수 그리스도의 영인 까닭이다. 사람들에게 예수님의 영광을 계시하여 그들을 영적으로 눈먼 상태에서 해방시키는 분은 오직 성령이시다.

유대인 불신자들만 그런 것이 아니라 이방인 불신자들도 똑같다. 그래서 바울은 둘을 차별하지 않는다. 불신자가 누구든 가려진 눈은 불신의 씨앗이다. 바울의 말은 이렇게 이어진다. "만일 우리의 복음이 가리었으면 망하는 자들에게 가리어진 것이라. 그중에 이 세상의 신(곧 마귀)이 믿지 아니하는 자들의 마음을 혼미하게 하여 그리스도의 영광의 복음의 광채가 비치지 못하게 함이니 그리스도는 하나님의 형상이니라"(고후 4:3-4).

이것은 엄숙한 말씀이다. 바울은 사람들이 눈이 멀어 망하고 있다고 말한다. 그것은 우리가 복음을 가리기 때문이 아니다. 우리는 복음을 가리지 않는다. 반대로 우리는 "하나님의 말씀을 혼잡하게" 하지 않고 오히려 "진리를 나타냄으로" 전파한다(2절). 또 우리는 "오직 예수 그리스도의 주 되신 것을 … 전파한다"(5절). 이렇듯 그는 사람들이 불신 때문에 망하는 것은 우리가 복음을 가리거나 혼잡하게 하거나 조작하기 때문이 아니라 마귀가 그들의 마음을 가려 복음을 보지 못하게 하기 때문임을 강조한다. 그래서 복음을 전파하는 일은 더욱 긴요하다. 우리가 기쁜 소식을 담대히 선포하면 하나님이 "빛이 비치라"는 창조의 명령을 발하시기 때문이다. 오직 그때에만 "예수 그리스도의 얼굴에 있는 하나님의 영광을 아는 빛"(6절)이 어두워진 인간의 마음에 비쳐들 수 있다.

은혜의 하나님이 이렇게 주도적으로 창조의 빛을 비추신 덕분에 우리 모두는 "수건을 벗은 얼굴"(다시 고후 3:18로 돌아가서)이 되었다. 우리는 얼굴을 가렸던 모세와 같지 않고, 마음에 수건을 쓴 유대인 불신자들과 같지 않으며, 사탄에게 생각이 가려진 이방인 불신자들과 같지 않다. 반대로 "우리가 다 수건을 벗은 얼굴"이 되었다. 마음의 눈가리개가 벗겨지고 눈의 비늘이 떨어져나가 예수님을 본 것이야말로 유대인과 이방인, 흑인과 백인, 젊은이와 노인, 배운 자와 못 배운 자 할 것 없이 하나님의 모든 백성이 지닌 공통된 특징이다. 우리는 얼굴의 수건을 벗고 눈을 떠서 주님의 영광을 바라본다. 시내 산에서는 **한 사람** 모세만이 주 여호와의 영광을 보았지만 지금은 하나님의 모든 백성이 주 예수님의 영광을 본다.

18절 원문에 나오는 첫 번째 동사는 정확히 어떻게 옮겨야 할지 확실하지 않다. 명사 *katoptron*이 '거울'이므로 동사 *katoprizō*는 '거울처럼 반사하다'라는 뜻일 수도 있고 '거울을 보듯 보다'라는 뜻일 수도 있다. 그래서 여러 번역본들과 주석가들은 이에 대해 의견이 다르다. NEB, 필립스역, GNB, NIV는 이 단어를 '반사하다'로 옮긴 반면, KJV와 RSV는(우리말 개역개정도 같다-역주) '보다'로 옮겼다. 내가 보기에는 후자가 문맥에 더 잘 맞는 듯하다. 또한 바울이 생각한 '거울'의 이미지는 우리가 보는 그리스도의 영광이 어떤 수준의 것인지를 보여주는 것 같다. 우리는 아직 그분의 영광을 직접 보지 못하며 그분을 "얼굴과 얼굴을 대하여" 보지 못한다. 그렇게 직접 보려면 주님이 오실 때까지 기다려야 한다(참고. 요 17:24; 고전 13:12; 요일 3:2; 계 22:4). 그때까지 우리는 아무리 "수건을 벗은 얼굴로" 볼지라도 어차피 그분을 "거울로 보는 것 같이" 본다. 그분이 이 땅에 사실 때 우리는 살아 있지 않았고, 그렇다고 환상이나 꿈속에 그분이 나타나셨다고 주장할 사람도 우리 중에는 거의 없다. 대신 우리가 역사의 예수를 들여다보는 '거울'은 신약성경이다. 사도들이 증언한 그분의 모습은 신약성경 안에 결정적으로 영원히 보존되어 있다.

그렇다면 예수님은 과연 어떤 분인가? 신약의 사도들이 증언한 예수님, 지금 우리의 눈앞에 경이롭게 드러난 영광의 예수님, 우리의 모본으로 제시된 예수님, 장차 우리가 "그와 같은 형상으로 변화하여" "그와 같이" 될 그분은 누구인가? 여기서는 그분의 모습을 아주 간략히만 그려보고자 한다.

첫째, 우리의 모본이신 예수 그리스도는 "자기를 비우고" "자기를 낮추신" 분이다. 즉 그분은 자신의 왕위를 비우고 자기를 낮추어 섬기셨다. 그분은 영원한 신성이라는 자신의 특전을 움켜쥐지 않으셨고, 하늘의 위엄을 등지고 자신의 신분과 특권을 버리셨다. 사도들은 성육신을 통해 나타난 예수님의 겸손하고 관대하신 모습을 다음과 같이 힘써 강조하면서 그것을 우리가 본받아야 할 모습으로 제시했다. "우리는 마땅히 … 자기를 기쁘게 하지 아니할 것이라. … 그리스도께서도 자기를 기쁘게 하지 아니하셨나니"(롬 15:1, 3). "오직 너희는… 이 [베풂의] 은혜에도 풍성하게 할지니라. … 우리 주 예수 그리스도의 은혜를 너희가 알거니와 부요하신 이로서 너희를 위하여 가난하게 되심은 그의 가난함으로 말미암아 너희를 부요하게 하려 하심이라"(고후 8:7, 9). 또 "너희 안에 이 마음을 품으라. 곧 그리스도 예수의 마음이니 … 오히려 자기를 비워 … 자기를 낮추시고"(빌 2:5, 7-8).

둘째, 우리의 모본이신 예수 그리스도는 어려움에 처한 사람들을 섬기신 분이다. 자기를 낮추되 남을 섬기지 않는다면 그것은 공허한 몸짓에 지나지 않을 것이다. 그리스도는 자기를 낮추어 섬기셨고, 자신이 섬김을 받으러 오지 않고 도리어 섬기러 왔다고 말씀하셨다(막 10:45). 과연 그분은 아찔할 정도로 가지각색인 인간의 곤경 앞에 한결같이 긍휼을 베풀며 섬기셨다. 그분은 굶주린 사람들을 먹이셨고, 병든 사람들을 고치셨고, 슬픈 사람들을 위로하셨고, 소외된 사람들의 친구가 되셨고, 죄인들을 용서하셨고, 죽은 사람들을 살리셨고, 가난한 사람들에게 기쁜 소식을 전하셨다. 그분은 종의 앞치마를 두르고 제자들의 발까지 씻어주시며 이렇게 말씀하셨다. "너희가 나를 선생이라 또는 주라 하니 너희 말이 옳도다, 내가 그러하다. 내가 주와 또는 선생이 되어 너희 발을 씻었으니 너희도 서로 발을 씻어주는 것이 옳으니라"(요 13:14-15). 이제 예수님은 자신이 세상에 보냄받으신 것처럼 우리를 세상에 보내시되(요 20:21) 자신처럼 증언하고 섬기며 인간의 곤경 앞에 자상하게 긍휼을 베풀라고 보내신다(요일 3:16).

셋째, 우리의 모본이신 예수 그리스도는 원수를 사랑하신 분이다. 그분은 제자들에게 악을 악으로 갚지 말고 아예 복수를 꾀하지도 말며, 오히려 원수를 사랑하고 자기를 핍박하는 자를 위해 기도하며 자기를 해하려는 자들을 선대하라고 가르치셨다. 물론 그분 자신도 그 가르침대로 사셨다. 그런 그분을 생각하며 베드로는 나중에 이렇게 썼다. "선을 행함으로 고난을 받고 참으면 이는 하나님 앞에 아름다우니라. 이를 위하여 너희가 부르심을 받았으니 그리스도도 너희를 위하여 고난을 받으사 너희에게 본을 끼쳐 그 자취를 따라오게 하려 하셨느니라. 그는 죄를 범하지 아니하시고 그 입에 거짓도 없으시며 욕을 당하시되 맞대어 욕하지 아니하시고 고난을 당하시되 위협하지 아니하시고 오직 공의로 심판하시는 이에게 부탁하시며"(벧전 2:20-23; 참고. 롬 15:7; 엡 5:2; 골 3:13).

넷째, 우리의 모본이신 예수 그리스도는 하나님을 신뢰하고 순종하신 분이다. 그분은 "받으신 고난으로 순종함을 배우셨고"(히 5:8) "죽기까지 복종하셨으니 곧 십자가에 죽으셨다"(빌 2:8). 복수하시는 대신 그분은 자신과 자신의 사정을 온 인류의 심판자이신 하나님께 맡기셨고(참고. 벧전 2:23), 하나님을 불신하거나 불순종하라는 마귀의 무모한 유혹을 단호히 물리치셨다(참고. 마 4:1-11). 이렇듯 그분의 삶과 사역은 시종일관 신뢰와 순종으로 점철되었다(참고. 롬 5:19).

바로 이것이 성령께서 신약성경이라는 거울을 통해 우리에게 보여주시는 예수님의 모습이다. 예수님은 자신을 비우셨고, 다른 사람들을 섬기셨고, 원수를 사랑하셨고, 하나님을 신뢰하고 순종하셨다. 겸손, 희생적인 섬김, 보복 없는 용서, 믿음과 순종, 이것이야말로 우리가 본받아야 할 나사렛 예수의 두드러진 특징이다. 우리는 그분의 영광을 보았으니 이제 그것을 반사해야 한다.

성령은 우리를 그리스도처럼 변화시키신다

우리는 고린도후서 3장 18절에 나오는 두 개의 동사가 서로 어떻게 연관되는지를 놓쳐서는 안 된다. 상반절에는 우리가 주의 영광을 "본다"고 되어 있고, 하반절에는 우리가 그분의 형상으로 "변화하여" 간다고 되어 있다. 더욱이 동사가 바뀌면서 바울이 가리키는 역사적 사건도 바뀐다. 이제 바울은 빛나는 얼굴로 주의 영광을 반사하던 시내 산의 모세를 생각하지 않고, 얼굴과 살갗과 옷이 온통 외부의 광채가 아닌 내면의 광채로 빛나시던 변화 산의 예수님을 생각하고 있다. 마태와 마가는 그분이 그들 앞에서 "변형되사 *metamorphoō*"라고 했는데 바울도 똑같은 동사를 사용한다. 그는 동사의 현재진행형을 써서 "우리가 한 수준의 영광에서 다른 수준의 영광으로 변형되고 있다"(RSV)고 말한다. 즉 모세의 얼굴에 나타난 영광은 없어졌고 심지어 일시적으로 변형되신 예수님의 영광도 사라졌지만, 우리가 보고 그대로 변화되는 예수 그리스도의 영광은 없어지지 않는다. 오히려 그것은 점점 그 정도가 더해 간다.

  이것을 잘 이해해야만 우리는 교회의 여러 진영이 흔히 빠지는 양극단을 피할 수 있다. 한편으로 여기에 완벽주의는 없다. 아무리 거룩하거나 그리스도를 닮았다 해도 그리스도인들은 여전히 '변화되고 있는' 상태이다. 그리스도께서 오시기까지는 어떤 제자도 온전히 그분처럼 될 수 없다. 그때까지는 우리가 그분의 참모습을 그대로 볼 수 없기 때문이다. 다른 한편으로 여기에는 자포자기도 없다. 우리는 변형되고 "있기" 때문이다. 그리스도인으로서 우리의 성장은 정지하지 않았다. 우리는 늪에 빠지지 않았으며 그리스도인의 삶은 정체된 웅덩이가 아니다. 오히려 우리는 계속 그리스도처럼 변화되는 중이며, 우리가 죽거나 그리스도께서 재림하여 마지막 변화의 순간이 올 때까지 마땅히 변화는 계속되어야 한다. 이렇듯 그리스도인의 삶은 그리스도의 형상을 닮아가는 점진적 '변형'이요 점점 그분처럼 되어가는 꾸준하고 지속적인 과정이다.

그렇다면 그 일은 어떻게 이루어질까? 바울은 계속해서 이것이 "주의 영으로 말미암음"이라고 말한다. 우리가 보는 영광의 주님이 친히 우리를 자신의 형상과 모습으로 변화시키고 계신다. 우리는 그분에 의해 그분처럼 되어가고 있는 것이다. 우리를 주 예수님처럼 되게 하시는 분은 주 예수님 자신이시다. 그리고 그분은 그 일을 성령을 통해 하신다. 성령은 예수님의 영이기 때문이다. 본문에서 바울은 두 번이나 두 분을 동일시한다. "주는 영이시니"(17절). "주의 영으로(영이신 주로, NIV) 말미암음이니라"(18절). 성화란 우리가 그리스도의 영으로 말미암아 그리스도의 형상으로 변화되어가는 과정이다.

그래도 우리는 그 일이 어떻게 이루어지는지 자꾸 궁금해진다. 하지만 바울은 여기서는 다른 곳에서처럼 이 질문에 직접적인 답을 내놓지 않는다. 다만 같은 장 3절에서 성령께서 우리의 내면에 하시는 사역을 이미 언급한 바 있다. 거기서 그는 고린도 그리스도인들을 "먹으로 쓴 것이 아니요 오직 살아계신 하나님의 영으로 쓴 것이며 또 돌판(십계명처럼)에 쓴 것이 아니요 오직 육의 마음판에 쓴" 그리스도의 편지에 견주었다. 다시 말해 예수 그리스도는 성령을 통해 자신의 백성들의 마음속에 하나님의 도덕법을 쓰고 계신다. 그것은 만인이 읽을 수 있는 추천장 같은 것이다. 지금 바울은 성령께서 우리의 내면에 이루시는 성화를 언급하고 있는데, 그것은 그리스도를 닮아가는 성품을 통해 가시화된다. 성령의 활동이 없이는 그리스도를 닮아가는 일은 불가능하다.

성령의 활동은 우리에게 절대적으로 필요하다. 우리가 성경과 경험을 통해 알듯이 우리의 타락한 본성에는 이기심이 깊이 배어 있다. 제임스 더럼James Durham이라는 17세기 스코틀랜드 작가는 1686년에 간행한 《교활한 자아의 심각한 타락상을 일곱 편의 설교로 낱낱이 폭로한다》는 소책자로 그것을 예스럽지만 잘 표현했다. 원죄가 우리 모두를 그토록 교활하고 지독한 자기중심적인 존재로 만들었기에, 단언컨대 우리는 외부의 도움 없이 자신의 노력으로는 그리스도 중심적인 태도와 그리스도를 닮은 모습에 결코 이를 수 없다. 어떻게 자아가 자아를 몰아낼 수 있겠는가? 차라리 사탄이 사탄을 몰아내기를 바라는 편이 나을 것이다! 우리의 관심은 그저 겉으로만 예수 그리스도를 흉내 내는 얄팍한 거룩함에 있지 않다. 기독교의 일부 하부문화에서 어떤 특정한 행동들을 요구하고 명하고 금하기도 하지만, 우리는 그에 동조하여 행동방식을 피상적으로 개조하는 정도로 만족할 수 없다. 그보다 우리가 열망하는 것은 내면 깊은 성품의 변화이며, 그것은 본성의 변화에서 시작되어 철저한 행실의 변화로 이어진다. 한마디로 우리는 **그리스도처럼** 되기를 원한다. 그것도 철두철미하고 깊이 있게 송두리째 이루어져야 하며 그 이하로는 안 된다.

하지만 그 일은 어떻게 이루어지는가? 똑같은 질문을 세 번째로 던진다. 윌리엄 템플William Temple은 당대 사람들에게 기독교의 거룩한 길을 이해시키고자 셰익스피어와 예수님을 병치한 후에 어느 쪽을 흉내 내는 것도 불가능하다고 선언했다. 우리가 어떻게 셰익스피어의 작품 같은 희곡을 쓸 수 있겠으며, 어떻게 그리스도처럼 살 수 있겠는가? 둘 다 불가능한 일이며 얼토당토않은 생각이다. 아, 그러나 셰익스피어의 천재성이 우리 안에 들어올 수 있다면 우리도 그처럼 희곡을 쓸 수 있을 것이고, 예수님의 영이 우리 안에 들어오실 수 있다면 우리도 그분처럼 살 수 있을 것이다. 기쁜 소식은 우리가 셰익스피어의 천재성은 가질 수 없으나 예수님의 영은 지닐 수 있다는 것이다! 기독교의 거룩한 길은 우리가 예수님처럼 살려고 발버둥치는 것이 아니라 그분이 성령을 통해 우리 안에 오셔서 사시는 것이다. 요컨대 비밀은 '모방'(그리스도인이 그리스도의 삶을 모방함)이 아니라 '재생산'(그리스도가 우리를 통해 자신의 삶을 재생산하심)이다. 우리는 성령의 조명을 통해 예수님의 영광을 볼 뿐만 아니라 성령의 내주하시는 능력을 통해 예수님의 형상으로 변화되어 가고 있다.

성령의 사역이 절대적으로 필요함을 강조하며 이 묵상을 마무리하는 것은 마땅한 일이다. 성령은 그리스도의 영이요 성령의 사역은 그리스도께 초점을 두고 있기 때문이다. 성령은 우리에게 예수님의 영광을 보여주시고 우리를 예수님의 형상으로 변화시켜주신다. 다시 말해 성령은 그리스도 중심의 영이다. 따라서 우리가 그리스도 중심의 그리스도인이 되기 원할진대(마땅히 원해야 한다) 우리에게 필요한 것은 성령이다. 우리는 날마다 끊임없이 예수 그리스도께 나아가 성령 충만을 구해야 한다. 그래야만 성령께서 우리에게 그리스도를 계시하시고 우리 안에 그리스도의 형상을 이루실 것이다. 그래야만 우리는 부족하나마 그분의 영광을 위해 그토록 소원하는 바인 그리스도 중심의, 그리스도를 닮은 그리스도인의 모습에 이르게 될 것이다.

맺음말

그리스도께 초점을 두라

지금까지 살펴본 것처럼 그리스도인이란 인격적으로 예수 그리스도와 관계된 사람이다. 그리스도 없는 기독교는 보물 없는 보석함이요 그림 없는 액자요 호흡 없는 생명체이다. 그리스도는 우리 각자에게 오셔서 "내게 오라"고 "나를 따르라"고 개별적으로 부르신다. 그리스도인의 삶은 아무리 머뭇머뭇 미약한 응답일지라도 그 부르심에 응답할 때 시작된다. 그렇게 그분을 따르기 시작하면 우리는 그리스도와의 인격적인 관계가 다채롭게 빛나는 다면체임을 깨닫고 점점 놀라고 기뻐하게 된다. 우리는 그분이 우리의 중보와 기초, 생명과 주님, 삶의 비밀과 목표, 사랑과 모본이심을 배운다. 그것을 이 책에서 살펴본 여러 부사구들로 표현한다면, 그리스도인이 된다는 것은 예수 그리스도를 통해, 그분 위에, 그분 안에, 그분 아래, 그분과 함께, 그분을 향해, 그분을 위해, 그리고 그분처럼 사는 것임을 우리는 배운다. 부사구마다 그분과 우리의 관계의 각기 다른 특성을 보여주지만, 그리스도 자신이 중심에 계시기는 모두 마찬가지이다.

오늘날 세상에는 교회를 유혹하여 하늘의 신랑에 대한 충절을 저버리고 본질을 벗어나게 하려고 위협하는 것들이 너무 많다. 바울이 지금 이곳에 몸으로 있다면 고린도 그리스도인들에게 준 말씀을 틀림없이 우리에게도 똑같이 줄 것이다. "뱀이 그 간계로 하와를 미혹한 것같이 너희 마음이 그리스도를 향하는 진실함과 깨끗함에서 떠나 부패할까 두려워하노라"(고후 11:3). 우리 모두는 끊임없이 그리스도를 향하는 이 진실함과 깨끗함으로 돌아가야 한다. 마르다는 배우지 못했으나 마리아는 배운, 그래서 예수님이 빼앗기지 않으리라고 말씀하신 이 '한 가지'로 돌아가야 하는 것이다(눅 10:38-42).

우리 중에 목회자들은 명작 《참 목자상 The Reformed Pastor》에 나오는 리처드 백스터의 경고에 귀를 기울여야 할 것이다. "사람들에게 **그리스도를** 가르칠 수만 있다면 우리는 모든 것을 가르치는 것이다."[1]

목회자든 일반 성도든 우리 모두는 그리스도를 향한 열정을 회복해야 한다. 어느 시대에나 성도들을 움직이게 한 것은 그 열정이었다. 나는 스코틀랜드의 두 신앙인을 내 모본으로 삼고 있다. 앤드류 보나 Andrew Bonar는 새뮤얼 러더포드를 간략히 소개하면서 그 끝머리에 이렇게 썼다. "오, 그리스도를 향한 그의 만족할 줄 모르는 갈망이여! 오 하루 종일 오직 그리스도를 안식처로 삼고 잠잘 때도 꿈속에서 그리스도를 추구하는 사람, 성벽을 막아낼 그런 사람이 스코틀랜드에 열 명만 있다면!"[2]

그렇게 그리스도가 중심에 계시면 병든 교회는 속히 건강을 되찾을 것이고 병든 그리스도인들은 활력을 되찾을 것이다. 중요한 것은 **우리의 초점을 그리스도께 두는** 그것 하나이기 때문이다.

주註

머리말_ 중심 되신 그리스도

1 T. R. Glover, *The Jesus of History* (SCM 1917, 12판 1920), pp. 3-5.
2 Stephen Neill, *Christian Faith and Other Faiths* (Oxford University Press, 1961), p. 91.
3 John Mbiti, *African Religions and Philosophy* (Heinemann 1969), p. 277.《아프리카 종교와 철학》(지만지고전천줄).
4 Stanley Jones, *The Christ of the Indian Road* (초판 1925, Hodder & Stoughton, 1926), p. 64.《인도의 길을 걷고 있는 예수》(평단문화사).
5 F. W. H. Myers, *St. Paul*.

2. 우리의 기초이신 그리스도 위에

1 Rober Potter, *Inside Story - The Building Project of All Souls Church Langham Place* (London, 1976), p. 17.
2 존 페이턴의 생애에 대해서는 그의 형제 제임스 페이턴이 편집한 자서전 *John G. Paton, Missionary to the New Hebrides* (Hodder & Stoughton, 1889)를 보라. 단 이 자서전에는 본문에 소개한 번역의 일화가 나오지 않으며 영국 해외성서공회도 그것을 확인하지 못했다.
3 James Clarke, *Commentary on St Paul's Epistle to the Galatians* (1531; 1953), p. 100.
4 Richard Keen (1787년경) ⓒ Jubilate Hymns.
5 John Bunyan, *Pilgrim's Progress* (1678 & 1684, Collins Classics Edition, 1953), pp. 126-131.《천로역정》(포이에마).
6 E. Mote (1797-1874) Jubilate Hymns. (우리말 찬송가 488장).
7 Peter Yanev, *Peace of Mind in Earthquake Country* (San Francisco: Chronicle Books, 1974), pp. 70-92.
8 같은 책, pp. 71, 72, 84.
9 같은 책, pp. 91-92.
10 다음 책에 인용된 내용이다. W. H. Griffith Thomas, *The Principles of Theology* (Longmans Green, 1930), pp. 470-471.

3. 우리의 생명이신 그리스도 안에

1 James Stewart, *A Man in Christ* (Hodder & Stoughton, 1935, 최신판 1972), p. 147.
2 같은 책, p. 147.
3 S. C. Neill, *Christian Faith Theology* (Penguin, 1955), pp. 17-18.
4 Edward E. Plowman, *Christianity Today*, "The Priest and the Patriarch," 1978년 4월 7일; "Egypt: A Crisis in the Coptic Church," 1978년 7월 21일.
5 J. C. Ryle, *Expository Thoughts on the Gospels* (Zondervan, 기념판, 연도 미상, 제4권), pp. 335-336.

4. 우리의 주님이신 그리스도 아래

1 ⓒ Jubilate Hymns.
2 Harry Blamires, *The Christian Mind* (SPCK, 1963), p. 3.
3 같은 책, p. 43.
4 같은 책, p. 132.

5. 우리의 비밀이신 그리스도와 함께

1 Goergi Petrovich Vince, *Three Generations of Suffering* (Hodder & Stoughton, 1976), p. 41.
2 Sandu Sundar Singh, *With and Without Christ* (Cassell, 1929), p. 102.
3 같은 책, p. 23.
4 같은 책, p. 25.
5 A. M. Ramsey, *A Christian Priest Today* (SPCK, 1972), pp. 91-92.

6. 우리의 목표이신 그리스도를 향해

1 Victor E. Frankl, *Man's Search for Meaning* (Washington Square Press, 1959, 1963), p 165. 《죽음의 수용소에서》(청아).
2 같은 책, pp. 154, 164.
3 Norman G. Dunning, *Samuel Chadwick* (Hodder & Stoughton, 1933), pp. 30-31.
4 Desmond Doig, *Mother Teresa* (Collins, 1976), pp 18, 26.

5 같은 책, p. 113.
6 같은 책, pp. 144-145.
7 같은 책, p. 158.

7. 우리의 사랑이신 그리스도를 위해
1 C. E. Padwick, *Henry Martin: Confessor of the Faith* (IVP, 1922, 개정판 1953), p. 146.
2 Goergi Petrovich Vince, *Three Generations of Suffering* (Keston Books No. 3, Hodder & Stoughton, 1976).
3 같은 책, pp. 211-212.
4 같은 책, p. 29.
5 Richard Collier, *The General Next to God* (Fontana; Collins, 1965, 1968), pp. 104-109.
6 A. J. Lewis, *Zinzendorf, The Ecumenical Pioneer,* "A Study in the Moravian Contribution to Christian Mission and Unity (SCM, 1962).
7 같은 책, p. 80.
8 같은 책, p. 15.
9 같은 책, p. 13.
10 같은 책, p. 12.
11 같은 책, pp. 28-29.

8. 우리의 모본이신 그리스도처럼
1 Hugh Martin, *The Claims of Christ* (SCM, 1995), p. 24.
2 E. Stanley Jones, *The Christ of the Indian Road* (1925, Hodder & Stoughton, 1926), pp. 141-142.
3 Archbishop Ramsey & Cardinal Suenens, *The Future of the Christian Church* (SCM, 1971), p. 15.

맺음말_ 그리스도께 초점을 두라
1 Richard Baxter, *The Reformed Pastor* (Christian Digest, 1656).
2 Marjory Bonar 편집, *Andrew A. Bonar: Diary and Life* (Banner of Truth, 1960), pp. 288, xv.